BEI GRIN MACHT SICH IHR WISSEN BEZAHLT

- Wir veröffentlichen Ihre Hausarbeit, Bachelor- und Masterarbeit

- Ihr eigenes eBook und Buch - weltweit in allen wichtigen Shops

- Verdienen Sie an jedem Verkauf

Jetzt bei www.GRIN.com hochladen und kostenlos publizieren

David Dang

Amok - Ausdruck der Verzweiflung

GRIN Verlag

Bibliografische Information der Deutschen Nationalbibliothek:

Die Deutsche Bibliothek verzeichnet diese Publikation in der Deutschen Nationalbibliografie; detaillierte bibliografische Daten sind im Internet über http://dnb.d-nb.de/ abrufbar.

Dieses Werk sowie alle darin enthaltenen einzelnen Beiträge und Abbildungen sind urheberrechtlich geschützt. Jede Verwertung, die nicht ausdrücklich vom Urheberrechtsschutz zugelassen ist, bedarf der vorherigen Zustimmung des Verlages. Das gilt insbesondere für Vervielfältigungen, Bearbeitungen, Übersetzungen, Mikroverfilmungen, Auswertungen durch Datenbanken und für die Einspeicherung und Verarbeitung in elektronische Systeme. Alle Rechte, auch die des auszugsweisen Nachdrucks, der fotomechanischen Wiedergabe (einschließlich Mikrokopie) sowie der Auswertung durch Datenbanken oder ähnliche Einrichtungen, vorbehalten.

Impressum:

Copyright © 2010 GRIN Verlag GmbH
Druck und Bindung: Books on Demand GmbH, Norderstedt Germany
ISBN: 978-3-656-08016-9

Dieses Buch bei GRIN:

http://www.grin.com/de/e-book/183483/amok-ausdruck-der-verzweiflung

GRIN - Your knowledge has value

Der GRIN Verlag publiziert seit 1998 wissenschaftliche Arbeiten von Studenten, Hochschullehrern und anderen Akademikern als eBook und gedrucktes Buch. Die Verlagswebsite www.grin.com ist die ideale Plattform zur Veröffentlichung von Hausarbeiten, Abschlussarbeiten, wissenschaftlichen Aufsätzen, Dissertationen und Fachbüchern.

Besuchen Sie uns im Internet:

http://www.grin.com/

http://www.facebook.com/grincom

http://www.twitter.com/grin_com

Erasmus Widmann Gymnasium

Seminararbeit

Amok – Ausdruck der Verzweiflung

Vorgelegt von

David Dang

aus

Schwäbisch Hall

Schwäbisch Hall, den 7. Juni 2010

Inhaltsverzeichnis

1. **Einleitung** 5
2. **Vorgeschichte des Amoklaufs** 7
   2.1 Begriffsbestimmung und Definitionen 7
   2.2 Herkunft und Historie 9
      2.2.1 Kriegerischer Amok 9
      2.2.2 Individueller Amok 10
   2.3 Bilanz 13
3. **Spezielle Form des Amoks: „School-Shootings"** 14
   3.1 Etymologie 14
   3.2 Definition 14
   3.3 Der erweiterte Suizid 15
4. **Vergleich von drei Amokläufen** 17
   4.1 Columbine 17
      4.1.1 Vorgeschichte und Tatplanung 17
      4.1.2 Tathergang 21
      4.1.3 Die Täter Eric Harris und Dylan Klebold 24
      4.1.4 Bilanz 25
   4.2 Emsdetten 28
      4.2.1 Vorgeschichte und Tatplanung 28
      4.2.2 Tathergang 30
      4.2.3 Der Täter Bastian Bosse 32
      4.2.4 Erworbene Waffen 36
      4.2.5 Der Abschiedsbrief 37
      4.2.6 Bilanz 39

- 4.3 Winnenden 41
  - 4.3.1 Vorgeschichte und Tatplanung 41
  - 4.3.2 Tathergang 42
  - 4.3.3 Der Täter Tim Kretschmer 45
  - 4.3.4 Der Abschiedsbrief 47
  - 4.3.5 Bilanz 48
- 4.4 Gemeinsamkeiten und Unterschiede der drei Amokläufe 49

5. Die Mythen: Urteil oder Vorurteil? 51
- 5.1 Mythos I 52
- 5.2 Mythos II 53
- 5.3 Mythos III 53
- 5.4 Mythos IV 54
- 5.5 „Medienmanipulation" 56

6. Empirischer Abschnitt (Teil I) 57
- 6.1 Interview mit Dorothee Dienstbühl 57
- 6.2 Interview mit Dr. Uwe Füllgrabe 59

7. Empirischer Abschnitt (Teil II) 62
- 7.1 Methodische Vorgehensweisen 62
- 7.2 Anmerkung zur Durchführung 63
- 7.3 Die drei verschiedenen Umfragebögen 64
  - 7.3.1 Bogen I: Schüler von 10-14 Jahre 65
  - 7.3.2 Bogen II: Schüler von 15-17 Jahre 67
  - 7.3.3 Bogen III: Lehrer 69
- 7.4 Auswertungen der Umfragen 70
  - 7.4.1 Hauptschule 71
  - 7.4.2 Realschule 72
  - 7.4.3 Gymnasium 75
  - 7.4.4 Lehrpersonal 78
  - 7.4.5 Bilanz 80

8. Anhang I
- 8.1 Literaturhinweise I
- 8.2 Columbine: Zeichnungen von Eric und Dylan XV
- 8.3 Emsdetten: Abschiedsbrief von Bastian Bosse XVIII
- 8.4 Eigenständigkeitserklärung XXI

1. Einleitung

„**I don't like Mondays**". Diese Aussage nannte *Brenda Ann Spencer* als Grund für ihre schreckliche Tat, die sich am 29. Januar 1979 vor der *Grover Cleveland Elementarity School* in San Diego ereignete. Zu diesem Zeitpunkt war die Täterin gerade einmal 16 Jahre alt, als sie mit einem Gewehr das elterliche Haus verließ und zwei Menschen erschoss.[1] Eine Tragödie, deren tatsächliche Ursache ein Rätsel bleibt. Der Ausspruch „I don't like Mondays" unterstreicht die Sinnlosigkeit des Massakers und sorgte weltweit für Aufmerksamkeit. Aufgrund dieser Tat veröffentlichte Sänger *Bob Geldof* mit der irischen Popgruppe *The Boomtown Rats* noch im selben Jahr das Lied „I don't like Mondays", welches in den 80-ern zum erfolgreichen Hit wurde.[2]

Schon damals gewann das Thema „Amok" an Bedeutung und die öffentliche Aufmerksamkeit, vor allem nach einer begangenen Tat. Dieser Effekt der Medien ist heute stärker ausgeprägt als jemals zuvor. Dabei gilt:

> Je mehr Opfer ein Amoklauf fordert, desto höher das Medieninteresse.

Statistiken zufolge sind die Fallzahlen von Amoktaten, sowohl im privaten als auch öffentlichen Raum, in den letzten 15 Jahren angestiegen.[3]
Dieser Fakt provoziert die Frage, ob wir uns noch häufiger auf Gewalttaten, wie in Deutschland vor allem zuletzt in Winnenden geschehen, einstellen müssen, die von Schülern begangen werden.

Nachdem mich die erschütternde Nachricht vom Amoklauf in Winnenden erreichte, war ich, wie meine Mitschüler und alle Personen, die ich kenne, schockiert und habe festgestellt, dass ich mich nie mit diesem Thema auseinander gesetzt habe, dass ich kaum Kenntnisse besitze und dass die Berichterstattung in den Medien und die öffentlich geführte Diskussionen mich zunehmend verwirrten. Auch in meiner Klasse hatte ich den Eindruck, dass sich die Schüler gerne näher mit dem Thema auseinander setzen möchten, es dazu jedoch bislang kein Angebot in der Schule gab. Hier sah und sehe ich Nachholbedarf. Somit wählte ich das Thema Amok, insbesondere an Schulen, aus, um mich im Rahmen der Facharbeit intensiver mit dem Themenkomplex befassen zu können.

---

[1] Siehe My Life of Crime - Grover Cleveland Elementary School Shootings, unter: http://mylifeofcrime.wordpress.com/2006/01/29/grover-cleveland-elementary-school-shootings-12979/ (2006).
[2] Siehe Wikipedia - Die freie Enzyklopädie: Brenda Ann Spencer, unter: http://de.wikipedia.org/wiki/Brenda_Ann_Spencer (2005).
[3] Vgl. Frank J. Robertz - Brennpunkt: Amokläufe an Schulen - Todbringende Fantasien S. 28 - 34 (2007).

1. Einleitung

Um das Phänomen „Amok" näher untersuchen zu können, erfolgt zunächst die Begriffseinordnung und ein historischer Abriss des Phänomens. Im weiteren Verlauf wird die „klassische" Erscheinungsform des Amoklaufes veranschaulicht, welche schon früh in der Menschheitsgeschichte in verschiedenen Kulturen ihre Wurzeln hat. Zudem sollen somit Parallelen oder Unterschiede des Amoks der damaligen zu unserer heutigen Zeit aufzeigt werden.

Anschließend werden drei bekannte Fälle von Amokläufen an Schulen rekonstruiert, analysiert und auf ihre Gemeinsamkeiten und Unterschiede hin untersucht.

Abschließend werden weit verbreitete Mythen um das Thema Amok aufgegriffen und kritisch betrachtet.

Neben diesem „theoretischen Teil" erfolgte eine eigene Untersuchung, mittels einer auf Fragebogen gestützten Analyse, in welcher das Phänomen, der Umgang und die Ängste aus Sicht von Schülern und Lehrern dargestellt werden. Diese sind im Anhang tabellarisch und graphisch veranschaulicht; die detaillierte Auswertung behält sich der Verfasser indes für die begleitende mündliche Prüfung zur Facharbeit vor.

Danksagung

Mein Dank geht an die Tutoren, besonders an Herrn Paret und Herrn Hirschmann, die mich auch außerhalb der regulären Unterrichtseinheit tatkräftig unterstützt haben. Ein weiterer Dank geht besonders an die Leitung der Realschule, die sich bezüglich meiner Befragung absolut kooperativ und unkompliziert verhalten hat. Die schnelle Genehmigung und dadurch nahezu reibungslose Umfrageausführung macht sich in der vorliegenden Statistik deutlich bemerkbar.

Mit der Hilfe von *Hakan Gözet* und *Florian Wieland*, die als Druckmeister fungierten, konnten die nötigen Umfragebögen über das Kontingent der Schule ausgedruckt werden.

Für die Interviews bedanke ich mich bei Herrn *Dr. Uwe Füllgrabe* und Frau *Dorothee Dienstbühl*, die mir auch bei allen weiteren Fragen zur Thematik zur Seite stand und diese geduldig beantwortet hat.

Und abschließend richtet sich selbstverständlich an alle Schülerinnen und Schule des Schulzentrum West.

2. Vorgeschichte des Amoklaufs

2.1 Begriffsbestimmung und Definitionen

„**Amok**" beschreibt in unserer heutigen Zeit eine plötzliche psychische Extremsituation, die durch absolute Gewaltbereitschaft und blindwütiges zerstörerisches Verhalten gegen die Öffentlichkeit gekennzeichnet ist. Die Folgen sind meistens Erinnerungslosigkeit und Erschöpfung mit einer Tendenz zum selbst zerstörischem Verhalten. Das Ziel des Täters ist es, den größtmöglichen Schaden in der Situation zu verursachen.[4]

Ferner gibt es weitere verschiedene Definitionsversuche, die den Begriff „Amok" genauer erläutern.

Die *Diagnostic and Statistical Manual of Mental Disorders* (DSM-IV)[5] stuft den Begriff „Amok" unter der Kategorie „Dissoziative Störungen und Störungen der Impulskontrolle" ein. Ergänzend wird Amok im Glossar unter „kulturabhängige Syndrome" als *„eine dissoziative Episode, die durch eine Periode des Grübelns charakterisiert ist, auf die ein Ausbruch gewalttätigen, aggressiven oder menschengefährdenden Verhaltens folgt, das sich auf Personen und Objekte richtet"* definiert.[6]

Laut der *Weltgesundheitsorganisation* (WHO) wird „Amok" beschrieben als:

„eine willkürliche, anscheinend nicht provozierte Episode mörderischen oder erheblich (fremd-) zerstörerischen Verhalten. Danach folgen eine Amnesie und/oder eine Erschöpfungsphase, die aber von keinem bekannten Fall bestätigt worden ist.[7] [..] häufig aber auch der Umschlag in selbst-zerstörerisches Verhalten, d.h. Verwundung oder Verstümmelung bis zum Suizid."[8]

Anlehnend an die Begriffserklärung der WHO definiert Volker Faust Amokläufe als:

„Nicht materiell-kriminell motivierte, tateinheitliche, mindestens in selbstmörderischer Absicht durchgeführte, auf den unfreiwilligen Tod mehrerer Menschen zielende plötzliche Angriffe."[9]

---

[4] Vgl. H.-J. Neubauer - Der verdunkelte Blick, In: Frankfurter Allgemeine Zeitung (1999).
[5] DSM-IV ist ein Klassifikationssystem der American Psychiatric Association, das auch in anderen Ländern wie Deutschland präsent ist.
[6] Vgl. Albert C. Gaw, & Ruth L. Bernstein - Classification of Amok in DSM-IV, S. 789 - 793 (1992).
[7] **Anmerkung:** Bei den Recherchen in der vorliegenden Arbeit konnte vom Verfasser kein Fall ermittelt werden, in welchem eine Amnesie in Erscheinung getreten ist. Auch *Faust* geht bei dieser Definition von einer Vermutung aus; vgl. Volker Faust - Amok, S. 30 (2002).
[8] WHO - Internationale Klassifikation psychischer Störungen - ICD-10, Kapitel 5(f) (2004).
[9] Vgl. Volker Faust - Amok, S. 5 (2002).

2. Vorgeschichte des Amoklaufs

Darüber hinaus stellt der Psychiater *Lothar Adler* Besonderheiten und Kriterien aus seinen eigenen Studien innerhalb der Amokforschung auf, die die eindeutige Unterscheidung von Amok zu anderen Gewalttaten erlauben.

Diese Merkmale sehen wie folgt aus:[10]

1. Ein Amoklauf muss so konzipiert sein, dass es immer zu einer Tötung von mindestens einer Person kommt, beziehungsweise zum Tod hätte führen können, wenn äußere Einwirkungen den Tatverlauf nicht verhindert haben. Abgesehen davon soll es die typische Täter-Opfer Konstellation aufbrechen.

2. Die Tat muss über den gesamten Zeitverlauf oder zumindest zeitweise ohne Rücksicht auf das eigene Leben vollzogen werden. Hinzu kommt der Tod des Täters durch Suizid oder Fremdeinwirkung.

3. Der Tathergang muss von außen betrachtet impulsiv und raptusartig beginnen. Homizidale und suizidale Absichten müssen ersichtlich werden.

4. Die Handlung darf nicht politisch, ethisch, religiös oder kriminell motiviert und somit als Selbstmordattentat verübt sein.

Anhand eines Beispiels sollen diese Kriterien verdeutlicht werden:

Laut *Adler* zählt die amokähnliche Bluttat in Ludwigshafen am 18. Februar 2010 nicht zu einem Amoklauf, da der Täter gezielt auf ein Opfer, in diesem Fall seinen Lehrer, gegangen ist.[11] Außer dem Lehrer ist niemand tödlich verunglückt, da der Täter eine Schreckschusswaffe verwendete, die eher ungeeignet ist, um einen Menschen ernsthaft zu verletzen. Folglich sind die Absichten eines Sui- oder Homizids nicht klar erkennbar. Ferner sind die Motive dieser Tat als krimineller und individueller Racheakt, also eine vereinzelte Beziehungstat, einzustufen.

---

[10] Vgl. Lothar Adler - Amok. Eine Studie, S. 50(f) (2000).
[11] Siehe RP Online - Amoklauf aus Wut über schlechte Noten, unter: http://www.rp-online.de/panorama/deutschland/Amoklauf-aus-Wut-ueber-schlechte-Noten_aid_821640.html (2010).

2. Vorgeschichte des Amoklaufs

2.2 Herkunft und Historie

2.2.1 „Kriegerischer Amok"

Blindwütiges Zerstören und Morden bezeichnen wir heute als „Amok". Doch die Wurzeln reichen weit in der Menschheitsgeschichte zurück. Nach dem heutigen Wissensstand hat das Phänomen „Amok" seinen Ursprung in weiten Teilen des heutigen Malaysia, Singapur, Indien, Indonesien und den Philippinen. Besonders hervorzuheben sind Stämme, die den Malaien in Kultur und Sprache nahe standen. Die Herkunft des Wortes „Amok" ist heute nicht mehr eindeutig zuordenbar. Nach einer verbreiteten Ansicht lässt sich der Begriff aus dem malaiischen Wort „amuk" ableiten, welches übersetzt „wütend" oder „rasend" bedeutet.[12] Zum anderen heißt es, er stamme aus der portugiesischen Version *„Amuco"*. Ferner existierten Schriften, die besagen, dass malaiische und javanische Krieger den altindischen Begriff „Amuk! Amuk!" als Schlachtruf verwendeten, um so ihre Gegner einzuschüchtern.[13] Diese ausgebildeten Krieger, auch *„amucos"* genannt, waren dem König untergeben, der ihnen als Gegenleistung Geld und Wohlstand gewährleistete. Sie agierten meist in kleinen Gruppen und haben in aussichtslosen Schlachten ein weit überlegenes Heer angegriffen. Ihr Ziel war es, ohne Furcht vor dem Tod möglichst viele Gegner zu töten, bevor man selbst getötet wurde. Somit galt der Amok als ein militärisch taktisches Verhalten, dass von der malaiischen Gesellschaft als ehrenhaft angesehen wurde.[14]

Im Verlauf der Geschichte taucht um 1200 aus den altnordischen Sagen das Wort *„Berserkr"* auf, welches dem Begriff des Amokläufers sehr nahe stand. Berserker waren (Wikinger-)Krieger, die zu jener Zeit am meisten gefürchtet waren. Durch das Tragen eines Bärenfelles beabsichtigten sie, in Aussehen und Verhalten dem Wesen eines Bären zu ähneln. Den Sagen zufolge verfielen sie in der Schlacht in eine Art Raserei, die durch die Einnahme von Drogen hervorgerufen wurde. Ihre Kampfkraft erhöhte sich dadurch, da sie Schmerzen während des Kampfes nicht spürten. Die Tobsuchtanfälle der Krieger, auch „Berserkergang" genannt, galten als verantwortlich für das Extremverhalten und die totale Zerstörung ihrer Feinde.[15]
Das Erscheinungsbild eines Berserkers weist gravierende Parallelen zu den oben benannten *amucos* auf. In beiden Fällen waren sie einem König untergeben, der ihnen Wohlstand und Ruhm für ihre Taten gewährte. Des Weiteren weisen die besonderen Kampftechniken sowohl der Amucos als auch der Berserker Übereinstimmungen auf.

---

[12] Vgl. Uwe Füllgrabe - Amok, In: Report Psychologie 27, S. 694 (2002).
[13] Vgl. A. L. Gwee - Neurological Pattern in Singapore, S. 255 (1967).
[14] Vgl. Volker Faust - Amok, siehe „Begriff und Geschichte", S. 3 (2002).
[15] Klaus von See: Berserker - Aufsätze zur skandinavischen Literatur des Mittelalters, S. 311 (1981).
Siehe André Klinge - Berserker, unter: http://www.berserks.de (2004).

2. Vorgeschichte des Amoklaufs

Historisch bezieht sich dieses Extremverhalten folglich auf Beobachtungen auf dem Schlachtfeld. Das Auftreten des Amoks war nicht auf den malaiischen Archipel begrenzt, sondern erstreckte sich über mehrere Länder.
Weitere Erscheinungen in anderen Kulturkreisen wie "ahade idzi be" (Neu Guinea), "Benzi mazurazura" (in Teilen Südafrikas), "Cafard" (Polynesien), "Colerina" (Andenstaaten), "Hwa-byung" (Korea), "Ii'aa (Navajo-Indianer)", "Arctic-hysteria" (Sibirien) und "Whitico-Psychos" (Eskimos) verdeutlichen die geographische Ausbreitung.[16]

2.2.2 „Individueller Amok"

Mit dem Beginn des 14. Jahrhunderts erlebt der Amok mit der Einführung des Islams in mehreren Ländern eine Wandlung. Ungläubige Menschen, die bei einem Amoklauf umkamen, wurden als Opfergaben für Allah bezeichnet und damit gerechtfertigt.
Die mögliche Ursache für ein solches Verhalten lässt sich anhand von einzelnen Suren, also Versen im Koran, erklären:

> „Zu kämpfen (gegen die Ungläubigen) ist euch vorgeschrieben, auch wenn es euch widerwärtig ist. Doch es mag sein, dass euch etwas widerwärtig ist, was gut für euch ist, und es mag sein, dass euch etwas lieb ist, was übel für euch ist .Und Allah weiß es, doch ihr wisst es nicht." (Sure 2, Vers 216)[17]

Oder:

> "Kämpft gegen diejenigen, die nicht an Allah und an den Jüngsten Tag glauben, und die das nicht für verboten erklären, was Allah und Sein Gesandter für verboten erklärt haben, und die nicht dem wahren Glauben folgen - von denen, die die Schrift erhalten haben, bis sie eigenhändig den Tribut in voller Unterwerfung entrichten" (Sure 9, Vers 29)[18]

Beim Betrachten der damaligen politischen und gesellschaftlichen Rahmenbedingungen herrschte alles andere als Frieden zwischen den Islamanhängern und den „Ungläubigen". Christliche Kinder, meist Jungen, wurden aus ihren Elternhäusern entrissen und in ein militärisches Ausbildungslager gesteckt, um dort zu Eliteeinheiten, wie zum Beispiel die *Janitscharen*, ausgebildet zu werden.

---

[16] Vgl. Lothar Adler Ringvorlesung „Gewalt und Terror", S. 3 (2002)
Siehe Krimpedia - Amok, unter:
http://www.kriminologie.uni-hamburg.de/wiki/index.php/Amok (2009).
[17] Abu-r-Rida' Muhammad ibn Ahmad Ibn Rassoul - Al Qur'an Al Karim, S. 48 (2007).
[18] Ebd. S. 121.

2. Vorgeschichte des Amoklaufs

Die Versklavung von Kriegsgefangen mit anschließender Zwangskonvertierung zum Islam ist eine weitere Begleiterscheinung der schnellen Verbreitung des Islams.[19]
Diese und weitere Suren im Koran untermauerten die Auffassung der muslimischen Täter, Allah wolle die totale Unterwerfung der Ungläubigen.

Auch wurde davon berichtet, dass einige Javanesen bei schweren Erkrankungen ihren Gott um eine Genesung anflehten, denn für sie war der Tod durch eine Krankheit unehrenhaft. Danach ging der Betroffene bei erfolgter Genesung mit einem Dolch auf die Straße und mordete wahllos Frauen und Kinder, bis der eigene „ehrenvolle" Tod durch die Hand eines anderen erfolgte. Auch diese ermordeten Menschen wurden als Opfergaben angesehen.[20]

Zwar ist der Suizid im Islam verboten (siehe **Sure 4, Vers 29:** „*O ihr, die ihr glaubt, fresset nicht euer Gut unter euch in Nichtigkeiten, es sei denn im Handel nach gegenseitiger Übereinkunft; und begeht nicht Selbstmord; siehe, Allah ist barmherzig gegen euch."*),[21] doch galt zu dieser Zeit in den malaiischen Kulturkreisen eine solche Tat nicht als Selbstmord. Die Begründung hierfür war, dass der Tod des Täters nicht durch die eigene Hand erfolgte. Diese Interpretation verdeutlicht den religiösen Fanatismus, der auch heute in Bezug auf islamistischen Terrorismus noch Bestand besitzt.

Aus einer Reihe von Koranversen geht hervor, dass der im Kampf Getötete sein diesseitiges Leben gegen ein jenseitiges Leben eintauscht:

> „*Diejenigen aber, die das diesseitige Leben um den Preis des Jenseits verkaufen, sollen um Gottes willen kämpfen. Und wenn einer um Gottes willen kämpft, und er wird getötet - oder er siegt - werden wir ihm (im Jenseits) gewaltigen Lohn geben."* (Sure 4,Vers 74)[22]

Dies waren die Anfänge des individuellen Amoklaufs. Auch im folgenden Jahrhundert berichtete der Portugiese *Nicolo Conti* einen ähnlichen Fall. Dabei handelte es sich um zahlungsunfähige Schuldner, denen die Entehrung durch Versklavung drohte. Als letzten Ausweg, um ihren Ehre zu schützen, sahen die meisten den eigenen Tod, welcher zuvor durch wahllose Morde herbeigeführt werden sollte.

---

[19] Siehe Barnabas Fund In: Barnabas Aid - „Slavery in the Ottoman Empire", unter: http://answering-islam.org/Green/slavery.htm (2007).
[20] Vgl. Wolfgang Sofsky - Zeiten des Schreckens. Amok, Terror, Krieg, S. 42 (2002). Vgl. Thomas Knecht - Amok und Pseudo-Amok, S. 144 (1999).
[21] Abu-r-Rida' Muhammad ibn Ahmad Ibn Rassoul - Al Qur'an Al Karim, S. 71 (2007). History - Islam: Interview mit Akbar S. Ahmed (Prof. für Islamstudien), unter: http://video.google.com/videoplay?docid=7849825496361245711&ei=rHF6S5WTKMKuAalxf HMBw&q=Selbstmord+ist+im+Islam+verboten&hl=de# (2006).
[22] Abu-r-Rida' Muhammad ibn Ahmad Ibn Rassoul - Al Qur'an Al Karim, S. 74 (2007).

2. Vorgeschichte des Amoklaufs

Berichte über den individuellen Amok erreichte erstmals im 18. Jahrhundert unsere westliche Welt. Ein Vertreter der damaligen Zeit, Captain *James Cook*, war der erste Europäer, der bei seiner Weltumseglung (1770) dieses Phänomen beobachten konnte.[23] Laut seinen Beobachtungen und Aufzeichnungen von Amokfällen in den malaiischen Stämmen wurden die Täter ohne einen erkennbaren Grund gewalttätig und töteten oder verstümmelten ihre eigenen Dorfbewohner. Im Durchschnitt fielen einem Amokanschlag zehn Menschen zum Opfer, bevor der Amokläufer von seinen Stammesgenossen aufgehalten werden konnte.

Dieses Verhalten wurde, wie von Captain *Cook* berichtet, von den Stämmen toleriert, da es nach der malaiischen Mythologie das Werk von bösen Geistern war. Demnach hatte der Täter keinen Einfluss auf sein Verhalten. Diese Vorstellung, ein Geist *„hantu"* würde den Körper eines Menschen übernehmen, war zu dieser Zeit im gesamten malaiischen Archipel weit verbreitet.[24]

Für eine detaillierte Illustration werden im Folgenden zwei Berichte aufgeführt, die das erbarmungslose Verhalten schildern:[25]

> *Im Jahre 1846, in der Provinz Penang (Malaysia), schoss ein angesehener älterer Mann ohne ersichtlichen Grund auf 13 Dorfbewohner. Dabei kamen 3 Menschen ums Leben. Nach einem Verhör stellte man fest, dass seine Frau und sein einziges Kind plötzlich gestorben sind. Sein Handeln war das Ergebnis seiner Trauer über die verlorenen Familienmitglieder.*

> *Am gleichen Tatort griff 1901 ein ehemaliger Polizist mit einem Schwert fünf Personen an, während sie unter Drogeneinfluss schliefen. Drei von ihnen wurden getötet, die anderen beiden schwer verletzt.*

Die Motive des *„individuellen Amoks"* haben im Vergleich zum *„kriegerischen Amok"* keine Grenzen. Trauer, Schamgefühle oder ähnliche persönliche Motive werden als Vorwand für den Amokanschlag vorgebracht. Dies hatte zur Folge, dass der Status eines individuellen Amokläufers nicht weiter toleriert wurde. Die Gesellschaft ging sogar so weit, den Amokläufer als „vogelfrei" zu erklären. Dies bedeutet, dass er mit jeglichen Mitteln ohne Furcht vor Sanktionen bekämpft werden durfte. Hieran wird die große Angst der Menschen vor dem Amok deutlich.

Bis zum Anfang des 19. Jahrhunderts wurde der Amok von den Kolonialherrschaften kriminalisiert. Dieses Handeln wurde als ein Verbrechen angesehen und mit dem Tod des Täters bestraft.

---

[23] Vgl. Volker Faust - Amok, siehe „Begriff und Geschichte", S. 3 (2002).
[24] Vgl. Manuel L. Saint Martin - Running Amok: A Modern Perspective on a Cultural-Bound-Syndrome, S. 66 (1999).
[25] Ebd.

2. Vorgeschichte des Amoklaufs

Im 19. - und 20. Jahrhundert verlor der Amok an Bedeutung. Die abnehmende Häufigkeit von Amok war darauf zurückzuführen, dass die westliche Zivilisation durch ihren Einfluss die kulturellen Faktoren, die für den Amoklauf verantwortlich waren, beseitigten. Weitere amokähnliche Vorkommen waren somit nahezu unbekannt und deshalb wurden Berichterstattungen in der psychiatrischen Literatur bis zur Mitte des 20. Jahrhunderts eingestellt.

Durch noch zu klärende Umstände nahm das Interesse an Amok in den Industriestaaten immer weiter zu, während es in den damals noch primitiven Stämmen abnahm.[26]

2.3 Bilanz

Im Laufe der Geschichte hat der Begriff „Amok" eine vollkommen andere Bedeutung erhalten. Der ursprüngliche Amok, der für ein kriegerisches Manöver eingesetzt wurde, wird nun zu einer emotional motivierten Tat des Einzelnen. Betroffene Menschen nutzen den Amoklauf um sich einem Leben in Schande zu entziehen. Der Begriff wird noch heute uneinheitlich verwendet. In der aktuellen Begriffsdebatte zeichnen sich beim Vergleich der heutigen Verwendung des Wortes Amok mit dem Begriff „kriegerischer Amok" folgende Tendenzen ab:

Es gibt eine Reihe von Wissenschaftlern, die den „Amok"-Begriff ablehnen, weil dieser an eine kriegerische Tradition gebunden sei, die eben nichts mit dem heutigen Auftreten von Amok zu tun habe und weil der Begriff darüber hinaus zu allgemein sei.[27] Desweiteren illustriert der Begriff „Amok" an Hand der Translation einen rasenden und zornigen Täter[28] und stimmt somit nicht mit Fällen von jugendlichen Amokläufern und deren geplanten und vorbereiteten Tötungsdelikten an Schulen überein. Ebenfalls wird bei dem traditionellen Amok meistens von zufälligen Opfergruppen ausgegangen, doch auch dies trifft auf die jugendlichen Täter nicht zu.[29] Ihre Opfer sind oftmals Schüler und Lehrer, die sie teilweise persönlich kennen.

Hinsichtlich dieser unterschiedlichen Aspekte gibt es eine schier unüberschaubare Fülle differenzierter Erscheinungsformen, die folglich keine einheitliche Definition des Begriffes aus Sichtweisen von Juristen, Psychologen und wissenschaftlichen Kriminologen gewährleisten. Es stellt sich somit die Frage, inwieweit das Phänomen Amok in unserer heutigen Zeit Parallelen oder auch Unterschiede zu seiner ursprünglichen Form aufweist.

---

[26] Vgl. Manuel L. Saint Martin - Running Amok: A Modern Perspective on a Cultural-Bound-Syndrome, S. 67 (1999).
[27] Vgl. Britta Bannenberg - Sogenannte Amokläufe / So-called „Amok" Killings, S. 37 (2007).
[28] Vgl. Volker Faust - Amok, siehe „Begriff und Geschichte", S. 3 (2002).
[29] Vgl. Adolf Gallwitz - Amok: Grandios untergehen, ohne selbst Hand anzulegen, S. 171 (2001) Bzw. Tagesspiegel Sonderthemen - Bevor Schüler zu Tätern werden, unter: http://www.tagesspiegel.de/zeitung/Sonderthemen;art893,2918792 (2009).

3. Spezielle Form des Amoks: „School-Shootings"

In diesem Kapitel wird genauer auf die Amokläufe von jungen Menschen an Schulen eingegangen. Allgemein werden Amokläufe an Schulen, also sogenannte *School-Shootings*, der Kategorie der Jugendgewalt zugeordnet, die sich aber als eine sehr seltene Erscheinungsform der Gewalt erweist.[30] Dennoch lösen solche Taten und deren verheerende Folgen eine allgemeine Fassungslosigkeit aus. Aufgrund der breit angelegten öffentlichen Berichterstattung nach einem Amoklauf über den plötzlichen Tathergang, wächst kurzzeitig ein Angstgefühl, eine solche Tat könne jederzeit und überall geschehen.

3.1 Etymologie

Der Kriminologe *Franz Robertz* war einer der ersten, die sich mit zielgerichteter Gewalt an Schulen auseinandersetzt hat. Um diese besondere Form der Gewalt zu definieren, führte er den Begriff „School-Shootings" ein, welcher sich durch Amokläufe wie Blacksburg in Virginia oder Littleton in Colorado in Wissenschaft und Medien durchgesetzt hat.
Das Wort *School* wird im Deutschen mit „Schule" und *Shootings* mit „Schießereien" übersetzt. Somit umfasst das Wort School-Shooting den Ort des Tathergangs und darüber hinaus die Methode, also den Schusswaffengebrauch des Täters.

3.2 Definition

Wie bereits erwähnt, stellen School-Shootings eine abgewandelte Form des Amoklaufs dar, die von einzelnen Schülern, meistens in Bildungseinrichtungen, ausgeübt werden. Nach dem Fall in Columbine im Jahre 1999 wendeten sich der *US Secret Service* und das *United States Department Of Education* dieser Angelegenheit zu und stellten in ihrer Studie folgende Definition auf:[31]

> „ [...] an incident of targeted school violence was defined as any incident where (i) a current student or recent former student attacked someone at his or her school with lethal means (e.g., a gun or knife); and, (ii) where the student attacker purposefully chose his or her school as the location of the attack."

---

[30] Siehe Landespolizeikommando Tirol - Androhungen zielgerichteter Gewalt an Schulen, unter:
http://tibs.at/sb-bb/krisen/Handmappe/gewalt/school%20shooting%20-%20Allg.pdf (2009).
[31] Vgl. United States Secret Service and United States Department Of Education
In: The Final Report and finding of the safe school initiative - Implications for the prevention of school attacks in the United States, S. 7 (2002).

3. Spezielle Form des Amoks: „School-Shootings"

Zu berücksichtigen ist, dass in dieser Definition Schießereien im Affekt aus einem Streit zwischen Schülern heraus ausgeschlossen sind.

Desweiteren werden Merkmale zum School-Shooting aufgeführt, die die Besonderheiten dieser Handlung verdeutlichen:[32]

- Meistens genaue Planung der Tat
- Der Täter/ die Täter sind jugendliche Subjekte
- Der Täter/ die Täter üben Handlungen aus, die Tötungen zur Folge haben oder nur zufällig nicht in solche resultieren
- Nutzung von Waffen, die zur Tötung von Menschen geeignet sind (meistens Schusswaffen)
- Die Tötungen stehen in einem direkten Bezug zur Schule
- Es handelt sich hierbei nicht um interpersonelle Konflikte zwischen zwei Schülern
- Ziel der Tötungen ist mehr als ein Mensch
- Die Opfer werden auch wegen ihrer Funktion ausgewählt (Lehrer, Schulleiter, etc.)

3.3 Der erweiterte Suizid

Die Erscheinung eines Suizids, oder auch Selbsttötung, ist eine menschenspezifische Form von Gewalt, die historisch in allen Epochen kontinuierlich vorkommt. Menschenspezifisch daher, da nur Menschen die Fähigkeit besitzen mit dem Bewusstsein über die ihre eigene Existenz und den freiwilligen Tod nachzudenken.
In der Tierwelt hingegen tritt oftmals eine Art Selbsttötung in Massen auf. Als Beispiel dienen Lemminge, wobei noch hinzugefügt werden muss, dass es sich hierbei um ein situatives Verhalten handelt. Das heißt, bei Angst- und Panikzuständen erfolgt unter Umständen instinktiv ein Massensuizid.

---

[32] Vgl. Frank J. Robertz: School Shootings - Über die Relevanz der Phantasie für die Begehung von Mehrfachtötungen durch Jugendliche, S. 61 (2004).

3. Spezielle Form des Amoks: „School-Shootings"

Ursprünglich kommt der Begriff des Suizids aus der lateinischen Sprache und ist ein Wortgefüge aus den beiden Wörtern „sui" und „zid". Der Präfix „Sui" wird im Deutschen mit „gegen sich selbst" und das dazugehörige Suffix „-zid", welches sich aus dem Verb „caedere" herleiten lässt, mit „tötend" übersetzt.[33]

Der „erweiterte Suizid" ist keineswegs nur eine einfache Selbsttötung. Ganz im Gegenteil weist er ein gravierendes Merkmal auf, das zu einer Differenzierung beider Formen von Gewaltexzessen führt.
Diese Unterscheidung lässt sich anhand der Motive veranschaulichen. Bei einem erweiterten Suizid, auch Mitnahmesuizid genannt, ist nicht nur der eigene Tod wie bei einer einfachen Selbsttötung vorhanden, sondern beinhaltet darüber hinaus die Tötung eines oder mehreren Menschen ohne deren Bereitschaft und Einverständnis. Dies ist der Grund, warum der erweiterte Suizid oftmals im Zusammenhang mit dem Amoklauf gebracht wird. In beiden Fällen wurden starke Tendenzen zum Suizid ersichtlich.
Somit umfasst sowohl der „erweiterte Suizid" als auch der Amok die Tötungen von einem oder mehreren Menschen, einschließlich der eigenen Tötung.

---

[33] Siehe Günther Drosdowski: Duden – Das Herkunftswörterbuch – Etymologie der deutschen Sprache, S. 666 (1989).

4. Vergleich von drei Amokläufen

In diesem Kapitel werden drei Amokläufe, einer in Amerika und zwei in Deutschland, auf Gemeinsamkeiten und Unterschiede hin untersucht.
Um der Frage auf den Grund zu gehen, ob es sich, wie vereinzelt behauptet um ein primär amerikanisches Problem handelt, müssen vorerst die drei Fälle mit ihren Tatverläufen und Motiven rekonstruiert werden.

4.1 Columbine

„[...]Irgendwann nächstes Jahr April wird unser Feind unsere Rache zu spüren bekommen, indem wir die natürliche Auslese etwas überflügeln. Wenn wir es geschafft haben Zeitbomben zu bauen, werden wir hunderte davon an Straßen, Brücken, Gebäuden und Tankstellen deponieren wo sie auf jeden Fall Zerstörung und Chaos anrichten. Es wird zu einer Art Mischung aus den Unruhen von L.A., den Bombenattentat von Oklahoma, den zweiten Weltkrieg von Vietnam und Videospiele wie Duke und Doom sein.

Ich will der Welt einen bleibenden Eindruck hinterlassen."

Tagebucheintrag von Harris Eric aus der Doku: Columbine High School - Protokoll eines Massakers (N-24)

Amerika, Columbine den 20. April 1999. Ein Tag, an dem zwei Jugendliche durch ihre Tat die ganze Welt in einen Schockzustand versetzten. Siebzehn Menschen verloren dabei ihr Leben, mehrere tausend Schüler lebten über Jahre hinweg in Angst. Es war eines der verheerendsten und gleichzeitig das bekannteste Schulmassaker weltweit.

4.1.1 Vorgeschichte und Tatplanung

Laut dem Tagebucheintrag hat *Eric Harris*, ein Schüler der Columbine High School, mindestens ein Jahr den Amoklauf geplant. In diesem entscheidenden Jahr nahmen Vorbereitungen für die gewaltvolle Inszenierung der beiden Täter immer mehr die Form eines Amoklaufs an.

4. Vergleich von drei Amokläufen

Ihre Wahnvorstellungen von einer blutrünstigen Hinrichtung eines Menschen, bis hin zur totalen Zerstörung der gesamten Welt hielten sie in ihren Aufzeichnungen fest.[34]

Eric Harris und *Dylan Klebold* waren keineswegs „dumme" Schüler, ganz im Gegenteil:
Einige ihrer Lehrer waren erstaunt über deren Leistungen, besonders in Literatur- und Filmgeschichte.[35] Speziell Eric galt als ein talentierter und überdurchschnittlicher Schüler, der vor allem im Fach Geschichte gute Noten schrieb.[36] Sowohl Eric als auch Dylan konnten mit ihren Schulaufsätzen die Lehrerin ihres Creative Writing Kurses beeindrucken.[37] Eric schrieb in einem von ihm selbstverfassten Aufsatz über „Medea":[38]

> *„Das Zitat, das ich aus dem Stück gewählt habe, ist: ‚Nein, wie ein gelbäugiges Raubtier, das seine Jäger getötet hat, will ich mich niederlegen auf die Leichen der Jagdhunde und die zerbrochenen Speere.' Dieses Zitat zeigt, dass Medea kämpfend sterben will, tapfer und mutig, ihre Jäger sollen sie nicht kampflos fangen. (...) Heute sind Leute wie Medea selten oder schwer zu finden."*

In einem anderen Aufsatz sollte Eric die griechische Gottheit Zeus charakterisieren und zog dabei Parallelen zu seinen eigenen Charakterzügen:[39]

> *„Der griechische Gott Zeus ist mir aus vielen Gründen ähnlich [...] Zeus und ich haben gern Macht und Kontrolle über das, was geschieht. Wir sind beide gern Anführer einer großen Gruppe von Menschen. Zeus und ich werden leicht zornig und bestrafen Menschen auf außergewöhnliche Weise."*

Diese beiden Zitate lassen sich aus heutiger Sicht auf den späteren Amoklauf beziehen. Schon hier zeigt Eric, dass er sich selbst über die Menschheit stellt und dementsprechend auch nach seinem Ermessen bestrafen kann. Auch Dylan sah sich selbst als Gottheit an und schrieb ein Jahr vor der Katastrophe in dem Jahrbuch:[40]

> *„My wrath ... will be godlike."* (Übersetzt: Meine Rache wird die eines Gottes sein.)

---

[34] Siehe Anhang „Zeichnungen von Eric und Dylan", S. XV.
[35] Siehe Welt Online - Littleton: Auch die Columbine-Amokläufer waren "normal", unter: http://www.welt.de/kultur/article3428400/Auch-die-Columbine-Amoklaeufer-waren-normal.html (2009).
[36] Dokumentarbericht auf N24: Columbine High School - Protokoll eines Massakers (2008).
[37] Siehe Fußnote 35.
[38] Siehe Der Freitag - Mensch oder Monster: "Ich mache ernst!", unter: http://www.freitag.de/alltag/0911-amoklauf-winnenden-internet-video-columbine-high (2009).
[39] Ebd.
[40] Vgl. Frank J. Robertz / Ruben Wickenhäuser: Der Riss in der Tafel - Amoklauf und schwere Gewalt in der Schule, S. 83 (2007).

4. Vergleich von drei Amokläufen

Doch statt auf solche genaueren Äußerungen näher einzugehen, wurden die Aufsätze der beiden von Lehrern aufgrund der Detailliertheit und ihrer Sprache mit positiven Bemerkungen versehen.[41] Tatsächlich offenbaren sie narzisstische Charakterzüge der beiden späteren Amokläufer.

InfoBox I

Narzissmus:

Als Narzisst oder narzisstische Persönlichkeit werden in der Psychopathologie Menschen bezeichnet, die eine übertriebene Art der Selbstliebe empfinden, die insbesondere die Wahrnehmung der eigenen Person wie auch der Umwelt verzerrt. Typisch für narzisstische Persönlichkeiten sind fehlendes Einfühlungsvermögen gegenüber ihren Mitmenschen und fehlende Kritikfähigkeit. Eine narzisstisch veranlagte Person empfindet sich oftmals ihren Mitmenschen überlegen und von diesen nicht im verdienten Maße anerkannt und gewürdigt. Besonders in Bezug auf Amoktaten von Schülern betonen Wissenschaftler (u.a. Füllgrabe) narzisstische Motive der Täter.[42]

Aufgrund der nachträglichen Analyse dieser Aussagen der beiden Amoktäter wurde öffentlich diskutiert, inwiefern es den Lehrern an Achtsamkeit gemangelt haben könnte und ob die Tat zu verhindern gewesen wäre. Doch Eric beschreibt selbst in einem seiner Tagebucheinträge seine Fähigkeiten, sein Umfeld durch eine vorgetäuschte Persönlichkeit zu manipulieren.

Trotz seiner teils herausragenden Leistungen in der Schule kam es zu Konflikten wegen Erics Eigensinnigkeit.[43] Er war nicht bereit, seine Stellung als Schüler zu akzeptieren, und stellte immer wieder die Autorität seiner Lehrer in Frage. Dies führte letzten Endes zu einem Schulverweis, der sich als fatale Entscheidung für Eric erweisen sollte.

Nach seiner Suspendierung zog er sich allmählich aus der Realität zurück und errichtet sich seine eigene Fantasiewelt. Statt Schulbücher zu wälzen, kämpfte er sich in dem Computerspiel „Doom" von Level zu Level. Desweiteren gehörten Streiche in Nachbarsgarten, Experimente mit Sprengkörpern sowie das Besuchen von Waffenmessen zum neuen alltäglichen Leben von Eric, aber auch von seinem Kompanion Dylan.[44]

---

[41] Vgl. Joachim Gärtner: „Ich bin voller Hass - und das liebe ich!!" (2009).
[42] Vgl. Peter Conzen: Fanatismus – Psychoanalyse eines unheimlichen Phänomens, S. 22(f) (2005).
[43] Ebd.
[44] Siehe Der Freitag - Mensch oder Monster: "Ich mache ernst!", unter:
http://www.freitag.de/alltag/0911-amoklauf-winnenden-internet-video-columbine-high (2009).

4. Vergleich von drei Amokläufen

Erics Schulkalender von 1998 zeigt das Auseinanderdriften von Schule und dem eigenen Leben:[45]

„Montag, 21. September: Shakespeare lesen

Donnerstag, 24. September: Erlkönig auswendig lernen

Samstag, 26. September: C.U. football game

Dienstag, 29.September: Rohrbombe ausprobieren

    Problem mit Rauch lösen

    2. Bunker finden

    Nine Inch Nails Video

Mittwoch 30. September: Donuts backen für Oktoberfest."

Noch im selben Jahr (1998) entwendeten Eric und Dylan Computeranlagen aus einem Van und wurden kurz darauf von der Polizei festgenommen. Das Gericht verurteilte die beiden zu einer Erziehungsmaßname mit einem Anti-Aggressions-Training, das sie von weiteren Straftaten abhalten sollte.[46] Nachdem Eric diesen Kurs absolviert hatte, begann er offiziell reumütig zu werden und schrieb während seines Aufenthalts einen Bericht über seine Schuldeingeständnisse. Darin steht geschrieben:[47]

„Ich freue mich sagen zu können, dass ich dank dieses Kurses und ein paar anderen dementsprechende Erfahrungen, den Entschluss gefasst habe, mich in Zukunft zusammen zu reißen."

Doch in Wirklichkeit sahen seine Gedankengänge vollkommen anders aus. Im Stillen schrieb er bezüglich dieses Vorfalles in seinem Tagebuch folgende Worte:[48]

„Heißt es nicht Amerika sei das Land der freien Leute? Und wieso habe ich dann nicht die Freiheit einen so blöden Typen wie diesen Idioten um seinen Besitz zu erleichtern? Wenn er den vor aller Welt sichtbar auf dem Vordersitz seines Vans liegen lässt und das mitten im Nirgendwo? Am Freitagnachmittag? Auch natürliche Auslese."

---

[45] Siehe Der Freitag - Mensch oder Monster: "Ich mache ernst!", unter: http://www.freitag.de/alltag/0911-amoklauf-winnenden-internet-video-columbine-high (2009).
[46] Vgl. Joachim Gärtner: „Ich bin voller Hass - und das liebe ich!!" (2009).
[47] Dokumentarbericht auf N24: Columbine High School - Protokoll eines Massakers (2008).
[48] Ebd.

4. Vergleich von drei Amokläufen

An diesem Punkt wird der Konflikt zwischen der Außenwelt präsentierten Persönlichkeit und seinem Innenleben deutlich. Nach außen hin überspielte Eric seine wahre Persönlichkeit, indem er sich so aufführte, wie es von ihm verlangt wird. Sie hatten sich einige Tage vor dem Amoklauf in Littleton bei den United States Marine Corps beworben und wurden dabei abgelehnt.
Der Grund hierfür war, dass beide den Offizieren der Marine Corps verschwiegen haben, dass sie das Medikament *Luvox* (Fluvoxamin), ein SSRI Antidepressivum, konsumierten. Dieses Medikament wird bei Erwachsenen, die unter starken Depressionen leiden, eingesetzt.
Nach der Autopsie von Erics Körper wurde eine erhöhte Dosis an *Luvox* festgestellt. Diese können im Nervensystem bei jungen Menschen unter 18 Jahren Halluzinationen und Verwirrungszustände hervorrufen.[49]
Somit sind einige Wissenschaftler wie *Kelly Patricia O'Meara* der Meinung, dass diese Psychopharmaka dazu geführt haben, dass aus einem Problemkind wie Eric ein kaltblütiger Killer wurde.[50] Dennoch existieren keine wissenschaftlichen Untersuchungen, die diese These bestätigen können.

4.1.2 Tathergang

Das Ereignis begann um 11:08 Uhr (Ortszeit), als sich Eric und Dylan in separaten Kraftfahrzeugen auf den Weg in Richtung Schule machte. Etwa 3 Minuten später erreichte Eric den „Junior Student" - und Dylan den „Senior Student" Parkplatz. Aufgrund der getrennten lokalen Lage konnten sie jeweils einen Hauptausgang der Schule im Auge behalten und dabei trotzdem das Hauptziel, die Cafeteria, ins Visier nehmen.[51]
Kurz vor der Ankunft wurde eine Bombe eine halbe Meile (~800 m) vor der Schule gelegt, die um 11:14 Uhr explodieren sollte, um somit die Einsatzkräfte abzulenken.
An der Schule angekommen, transportierten Eric und Dylan unauffällig, mit Hilfe eines Seesackes zwei 9 kg schwere Prospanbomben in die Cafeteria.
Diese Sprengsätze wurden so konzipiert, dass sie um 11:17 Uhr, im Abstand von einer Minute, detonieren sollten. Hier hielten sich zu dieser Zeit aufgrund der Mittagspause 480 Schüler auf. Das sind fast ein Viertel aller Schüler an dieser Schule. Durch eine Überwachungskamera konnte das Betreten von Eric und Dylan und die Installation der Sprengkörper nicht aufgezeichnet werden, da in diesem Zeitraum die Videobänder ausgewechselt wurden. Auf dem neuen Band ist nur die Existenz der Bomben verzeichnet.[52]

---

[49] Siehe Fachinformation des Arzneimittel-Kompendium der Schweiz: Fluvoxamin, unter: http://de.oddb.org/de/drugs/patinfo/uid/33579/chapter/precautions (no date).
[50] Siehe Bnet - Prescription drugs may trigger killing: experts in a lawsuit against the manufacturer of Luvox say that the antidepressant may have tipped Eric Harris from being a troubled teen to a cold-blooded murderer, unter:
http://findarticles.com/p/articles/mi_m1571/is_35_18/ai_92352722/ (2002).
[51] Dokumentarbericht auf N24: Columbine High School - Protokoll eines Massakers (2008).
[52] Ebd.

4. Vergleich von drei Amokläufen

Nach späteren Untersuchungen wurde festgestellt, dass die Explosionskraft der Bomben ausgereicht hätte, um sogar die oberhalb der Cafeteria liegende Bibliothek zum Einsturz zu bringen, was wiederum etwa 500 Tote zur Folge gehabt hätte.[53]
Die beiden Täter gingen zurück zu ihren Fahrzeugen und warteten, bis die Bomben hochgingen. Doch wegen eines Defektes am Zündmechanismus trotz sorgfältiger Vorbereitungen, scheiterte die Detonation und der ursprüngliche Tatverlauf musste somit von den beiden verändert werden. Es war eigentlich gedacht, dass bei erfolgreicher Sprengung Schüler in die Schussbahn ihrer Gewehre flüchten, um sie dann einzeln zu eliminieren. Hier zeigt sich eine verblüffend ähnliche Parallele zu dem voran gehenden Amoklauf in Jonesboro (1998), bei dem zwei Jugendliche einen Feueralarm ausgelöst haben, um ihre Opfer bei der Flucht zu erschießen.[54]
Als Eric und Dylan bemerkten, dass die Bomben nicht explodierten, begaben sie sich mit abgesägten Schrotflinten, Rohrbomben und halbautomatischen Schusswaffen unter ihrer Kleidung auf eine Anhöhe des Campus.
Um 11:19 Uhr zogen beide, auf Kommando von Eric „Go, Go!", ihre Waffen und eröffneten das Feuer auf ihre Mitschüler. Bereits verwundete Jugendliche werden aus unmittelbarer Nähe durch einen Kopfschuss getötet. Zu den ersten Todesopfern gehörte *Rachel Scott*, die nach vier Schusswunden ihr Leben verlor.[55]

Am Eingang der Schule nahm Eric seinen 9 mm halbautomatischen Karabiner und feuerte auf drei weitere Schüler, die gerade das Gebäude verlassen wollten. Dabei kam einer dieser Jungen ums Leben.[56]
Zu diesem Zeitpunkt wurden auch die Schüler und das Lehrpersonal auf die Schussgeräusche aufmerksam. Die Situation wurde aber dennoch nicht ernst genug genommen. Doch *David Sanders*, ein angestellter Lehrer, war anderer Meinung und nahm die Bedrohung wahr. Um 11:34 Uhr alarmierte er umgehend die örtliche Polizei und begann mit zwei weiteren Angestellten die gesamte Cafeteria zu evakuieren. Zusätzlich gingen sie durch Klassenräume und versuchten durch Abschließen der Türen die Sicherheit der darin sich befindenden Schüler zu gewährleisten.[57]

Währenddessen setzten Eric und Dylan ihren Weg in Richtung Schuleingang fort und verwundeten dabei zwei weitere Menschen. Kurz danach kam es zu einem Schusswechsel mit einem eintreffenden Polizeibeamten, der aufgrund mangelnder Munition die Zentrale um Verstärkung bat. Diese Gelegenheit nutzten die beiden Täter und drangen mit ihren Waffen in die Schule ein. Dabei schossen sie auf ihnen entgegenkommende Personen.

---

[53] Vgl. Frank J. Robertz / Ruben Wickenhäuser: Der Riss in der Tafel - Amoklauf und schwere Gewalt in der Schule, S. 73 (2007).
[54] Siehe Wikipedia - The free encyclopedia: Westside Middle School massacre, unter: http://en.wikipedia.org/wiki/Westside_Middle_School_massacre (2009).
[55] Dokumentarbericht auf N24: Columbine High School - Protokoll eines Massakers (2008).
[56] Ebd.
[57] Ebd.

4. Vergleich von drei Amokläufen

Die Kunstlehrerin *Patti Nielson* reagierte sofort auf die Abwesenheit von Eric und Dylan und sendete um 11:25 Uhr mit Hilfe der Telefonanlage in der Bibliothek einen weiteren Notruf aus.[58]

Im zweiten Geschoss kam es zu einem aufeinandertreffen zwischen den Tätern und David Sanders, der immer noch versucht hatte, weitere Bereiche der Schule abzusichern. Auch er wurde tödlich angeschossen und starb im späteren Verlauf trotz Erste-Hilfe Maßnahmen an Blutmangel.[59]

Inzwischen waren sechs weitere Streifenwagen der Polizei am Tatort eingetroffen, die sich um verängstigte und verletzte Schüler kümmerten. Nach der damals üblichen Vorgehensweise der Polizei, die darauf gezielt war, einen solchen Vorfall zu verhindern, wagte sich keiner der Polizisten in die Schule, um die Mörder zu stellen.[60] Somit konnten Eric und Dylan ungehindert ihre Tat in die Schulbibliothek verlegen. An diesem Ort spielte sich innerhalb von sieben Minuten der brutalste Teil des Massakers. In der Anwesenheit von 56 Schülern und Schulangestellten forderten Eric und Dylan, dass sich alle Jugendlichen mit einer weißen Mütze zu erkennen geben und aufstehen sollten.[61] Dies war eine Anspielung auf die so genannten „Jocks", von denen sich Eric und Dylan verspottet sahen. Sowohl Eric als auch Dylan empfanden tiefgründigen Hass gegen die sogenannten „Jocks", die in den Schülergruppierungen die Spitze eines hierarchieähnlichen Systems bilden. Als Jocks werden Schüler bezeichnet, die stilvolle Kleidung tragen und sportlich veranlagt sind und deswegen an den High Schools und Colleges in den USA beliebt und sozial anerkannt sind.[62] Keiner der verängstigten Schüler traute sich aufzustehen, stattdessen blieben alle unter den Stühlen und Tischen versteckt. Daraufhin gingen Eric und Dylan durch die Tische und ermordete willkürlich ihre Mitschüler. Dabei wurden ihre Opfer immer wieder gefragt, ob sie an Gott glauben oder ob sie sterben wollen. Die Antworten schienen jedoch keinen Einfluss zu haben, welche Schüler getötet oder am Leben gelassen wurden.[63]

Als Eric und Dylan die Bibliothek um 11:36 Uhr verließen, waren bereits zwölf Schüler der Schule tot, weitere 23 Menschen schwer verletzt. Auf dem Rückweg zur Cafeteria, warfen sie planlos Blicke in leer stehende Klassenräume, bevor Eric um 11:44 Uhr versuchte, durch Sprengsätze und Schüsse eine der 9 Kg schweren Propanbomben zur Explosion zu bringen. Doch auch diesmal schlug der Versuch fehl.[64] An diesem Punkt wird die suizidale Absicht der Täter deutlich erkennbar.

---

[58] Siehe Jefferson Country, Colorado - Sheriff, unter:
http://denver.rockymountainnews.com/shooting/report/columbinereport/pages/toc.htm (2002).
[59] Dokumentarbericht auf N24: Columbine High School - Protokoll eines Massakers (2008).
[60] Ebd.
[61] Ebd.
[62] Siehe n-tv - Amokläufe an Schulen: Die Konstruktion des Töten, unter:
http://www.n-tv.de/politik/dossier/Die-Konstruktion-des-Toetens-article241286.html (2007).
[63] Ebd.
[64] Siehe Fußnote 58.

4. Vergleich von drei Amokläufen

Um etwa 12:00 Uhr begaben sie sich in der letzten Etappe ihres Massakers wieder auf den Weg zur Bibliothek. Dies war auch der Ort, an dem sie sich nur wenige Meter vor ihren Opfern das Leben durch einen präzisen Kopfschuss nahmen.[65]

Die SWAT-Einheit erreichte die Bibliothek erst um 15:30 Uhr und gab die Schule eine Stunde später, also 16:30 Uhr, als gesichert frei.[66]

4.1.3 Die Täter Eric Harris und Dylan Klebold

Sowohl Eric, geboren am 9. April 1981 in Wichita (Kansas),[67] als auch Dylan, geboren am 11. September 1981,[68] stammten aus bürgerlichen Familien. Dylans Vater Tom[69] war Geologe,[70] während seine Mutter Susan[71] als Lehrerin[72] tätig war. Dylans Familie zog im Laufe der Jahre in ein nobles Haus in Littleton. Erics Vater hingegen, Wayne Harris, war Pilot bei der Air Force, weshalb die Familie aufgrund seines Berufes des öfteren den Wohnort wechseln musste. Als Wayne Harris in den Ruhestand ging, ließ sich die Familie im Jahre 1993 in Littleton (Colorado) nieder. Eric gewöhnte sich an seine neue Lebensumgebung und führte ein normales Leben, wie es für einen Jungen in seinem Alter üblich ist. Zu seinen Freizeitaktivitäten gehörte unter anderem Fußball, worin er auch gut war. Außerdem trug er anfangs stilvolle Kleidung, um sich der Gesellschaft anzupassen. Nur in seiner Schule war für ihn eine Anpassung nicht möglich und er galt unter diesen Umständen als Außenseiter.[73]

Während seine Schulzeit in Littleton freundete Eric sich rasch mit Dylan Klebold an, der auch zu den Ausgegrenzten gehörte. Beide verband eine enge Freundschaft trotz unterschiedlicher Persönlichkeiten. Eric war im Gegensatz zu Dylan sehr gesprächsfreudig. Ihre enge Bindung lässt sich womöglich auf ihre gemeinsamen Interessen und Sichtweisen zurückführen. So interessierten sich beide für das Spielen von gewalttätigen Videospielen und teilten die Vorliebe für Waffen.[74]

Ein weiterer Aspekt ihrer engen Freundschaft könnte das gemeinsame Feindbild sein.

---

[65] Dokumentarbericht auf N24: Columbine High School - Protokoll eines Massakers (2008).
[66] Siehe Wikipedia - The free encyclopedia: Columbine High School massacre, unter: http://en.wikipedia.org/wiki/Columbine_High_School_massacre (2007).
[67] Siehe Bio. True Story. - Eric Harris Biography, unter: http://www.biography.com/articles/Eric-Harris-235982 (2006).
[68] Siehe Bio. True Story. - Dylan Klebold Biography, unter: http://www.biography.com/articles/Dylan-Klebold-235979 (2006).
[69] Siehe Studentenpilot - Schulmassaker von Littleton, unter: http://www.studentenpilot.de/studieninhalte/onlinelexikon/dy/Dylan_Klebold/ (2008).
[70] Siehe Fußnote 68.
[71] Siehe Fußnote 79.
[72] Siehe Fußnote 68.
[73] Siehe Fußnote 67.
[74] Ebd.

4. Vergleich von drei Amokläufen

Im zweiten Jahr an der Columbine High School veränderte Eric sein Aussehen. Statt stilvoller Kleidung trug er wie eine Gruppe von Außenseitern, die Trench Coat Mafia, ausschließlich schwarze Kleidung mit Militärstiefeln. Trotz der identischen Bekleidung galten sowohl Eric als auch Dylan nur als Randmitglieder dieser Bande. Nach den Ermittlungsergebnissen der „Columbine Task Force Investigation" gab es keine Verbindung zu weiteren Personen, denen die Planung des Amoklaufes bekannt war oder die sich daran beteiligt hätten. [75]

Ein weiteres Indiz dafür, dass es eine Abgrenzung zwischen den Tätern und der Trench Coat Mafia gibt, zeigen die Gruppenbilder im Jahrbuch 1998. Eric und Harris sind nicht auf dem Gruppenbild der Trench Coat Mafia mit abgebildet. [76]

Im Gegensatz zu Dylan fiel Eric durch sein aufbrausendes und aggressives Verhalten auf. Seine unkontrollierte Wut ging sogar soweit, dass er damals, ein Jahr vor dem Amoklauf, einen Schüler namens *Brook Brown* drohte, ihn zu ermorden. [77]

4.1.4 Bilanz

Zum Zeitpunkt des Amok war Eric Harris gerade einmal 18 Jahre (* 9. April 1981, † 18) und Dylan Klebold (11. September 1981, † 17) und galten an ihrer Schule als gute und eher unauffällige Schüler, die einer Gruppe von Außenseitern, der Trenchcoat-Mafia, sehr nahe standen. Sowohl deren Mitglieder als auch die beiden Täter trugen meist dunkle schwarze Kleidung und litten unter den Schikanen der sogenannten „Jocks", welche aus einer Gruppe von erfolgreichen Sportlern bestand. Diese waren in der Rangordnung der Schülergruppierung weitaus höher.

Unter diesen Umständen entwickelte sich nach Jahren aus empfundener Demütigung und Verachtung ein Hass, welcher sich fest in der Persönlichkeit von Eric Harris und Dylan Klebold verankerte. Dieser Hass ist aber nicht auf einen Schüler oder eine Schülergruppe gerichtet, sondern weitet sich auf die gesamte Menschheit aus. Beim genaueren Analysieren der Tagebücher wird ersichtlich, dass es sich hierbei nicht um einen Racheakt handelt. Es ging für die Täter um mehr. Sie wollten so viele Menschen wie möglich mit in ihren Tod nehmen.

---

[75] Siehe Jefferson Country, Colorado - Sheriff, unter:
http://denver.rockymountainnews.com/shooting/report/columbinereport/pages/mafia_text.htm (2002).
[76] Siehe A Columbine Site - Yearbook Pictures, unter:
http://www.acolumbinesite.com/yearbook.html#tcm (1999).
[77] Siehe Bio. True Story. - Eric Harris Biography, unter:
http://www.biography.com/articles/Eric-Harris-235982 (2006).

4. Vergleich von drei Amokläufen

In ihren Lebensläufen gab es bis auf einen Autoeinbruch keine weiteren kriminellen Einschnitte. Durch die jahrelange Planung konnten sie somit verdeckt ein Waffenarsenal aus Schrotgewehren und Dutzenden Bomben aufbauen. Nach eingehenden Schießübungen im Wald wurden diese angeeigneten Fähigkeiten dann am 20. April 1999 eingesetzt.

Zwar standen die beiden Täter im Schatten der „Jocks" und es stimmte auch, dass es einen abgrundtiefen Hass gegenüber solchen Schüler gab, doch dies sagt noch nichts darüber aus, dass die Vorgehensweise speziell auf die Tötung dieser Art von „Heldenfiguren" abzielte. Anfangs hieß es in den Medien, dass der Amoklauf von Columbine ein Rachezug gegen bestimmte „Jocks" war, was zu fatalen Missverständnissen führte. Fatal deswegen, da durch diese Spekulationen die Motive der Amokschützen eine vollkommen andere Bedeutung bekamen.

Dadurch wurden Eric und Dylan bewundert, da sie als Freiheitskämpfer angesehen wurden, die sich durch dieses Massaker der Unterdrückung der „Jocks" entgegenstellte. Das wiederum führte dazu, dass es gehäuft zu Nachahmungstaten unmittelbar nach dem Amok von Columbine kam, worin sich die Täter auch wie ihre Idole Eric und Dylan als Helden präsentieren wollten.

Cho Heung Sui, ein Vertreter der Columbineerben, der am 16. April 2007 als Student an der Virginia Tech (Blacksburg) das verheerendste Attentat, mit 32 Toten, verübte, verdeutlicht noch einmal mit dem von ihm hinterlassenen Botschaft die Motivation eines „Helden":[78]

> *[...] „Wie Moses teile ich das Meer und führe mein Volk, die Schwachen, die Wehrlosen, die unschuldigen Kinder jeden Alters." [...] Ich tat es für sie. Ich tat es, damit ihr aufhört, ihnen anzutun, was ihr mir angetan habt. [...] Wisst ihr, wie man sich fühlt, wenn einem ins Gesicht gespuckt und Müll die Kehle hinuntergestopft wird? Wisst ihr, was für ein Gefühl das ist, sein eigenes Grab zu schaufeln? [...] Und ihr wollt in unseren Leben so viel Leid wie möglich schaffen, weil ihr das könnt – einfach nur, weil ihr das könnt. Ihr hattet alles, was ihr wolltet. [...] Dank euch sterbe ich wie Jesus Christus, um Generationen schwacher und schutzloser Menschen zu inspirieren."*

Mittlerweile wurden zahlreiche Medien darüber aufgeklärt, dass es sich hierbei keineswegs nur um einen Racheakt gegen „Jocks" handelt[79], war es ein Hass gegen die gesamte Menschheit, den Eric und Dylan empfanden.

---

[78] Siehe BILD - Das Manifest des Amokläufers von Blacksburg (32 Tote): „Für euch war ich doch nur ein Stück Scheiße", unter: http://www.bild.de/BTO/news/2007/04/20/amok-lauf-usa/MAIN-2-video-botschaft-blacksburg.html (2007).

[79] Siehe CNN - Debunking the myths of Columbine, 10 years later, unter: http://www.cnn.com/2009/CRIME/04/20/columbine.myths/index.html (2009).

4. Vergleich von drei Amokläufen

Deswegen wurden auch die zwei Propanbomben in der Cafeteria gelegt, die bei erfolgreicher Detonation etwa 500 Menschen das Leben gekostet hätten.[80] Das eigentliche Ziel war somit, möglichst viele Menschen mit in den Tod zu reißen, unabhängig von Geschlecht, Religion oder der Nationalität.

Ein weiterer entscheidender Beweis dafür, dass es nicht nur um die Tötung der Jocks geht, liefert die Dokumentationsverfilmung, die den Tatverlauf in der Bibliothek rekonstruierte.[81] In dem Zeitraum kam es zu einer Begegnung zwischen Dylan und einem Mitschüler, der eine weiße Baseball Cap trug, ein Kleidungssymbol der „Jocks". Doch statt diesen Schüler zu töten, rastete Dylan aus und zerschlug alles in seinem Radius. Dieser Junge überlebte trotzallem, obwohl Dylan die Möglichkeit hatte, ihm das Leben zu nehmen.[82] Auch in dem Artikel „The truth about Columbine" wird von einem Angehörigen der „Jocks" berichtet, der das Massaker überlebt hatte.[83]

Das Datum des Massakers ist darüber hinaus nicht rein zufällig ausgewählt, sondern entspricht dem Geburtsdatum von *Adolf Hitler*.[84]

---

[80] Vgl. Frank J. Robertz und Ruben Wickenhäuser: Der Riss in der Tafel - Amoklauf und schwere Gewalt in der Schule S. 73 (2007).
[81] Dokumentarbericht auf N24: Columbine High School - Protokoll eines Massakers (2008).
[82] Ebd.
[83] Siehe Guardian - The truth about Columbine, unter:
http://www.guardian.co.uk/world/2009/apr/17/columbine-massacre-gun-crime-us (2009).
[84] Siehe Welt - Columbine: Der Amoklauf der Mantel-Mafia, unter:
http://www.welt.de/vermischtes/article820823/Der_Amoklauf_der_Mantel_Mafia.html (2007).

4.2 Emsdetten

Im Vorfeld muss erwähnt werden, dass bei den Recherchen festgestellt wurde, dass eine große Anzahl von Material aus dem Netz genommen wurde. Es liegt nahe, dass diese Informationen aufgrund rechtlicher Bedenken aus dem Internet entfernt worden sind. Die folgenden Ereignisse sind vom Verfasser aus einzelnen Fragmenten von unterschiedlichen noch vorhandenen Quellen zusammengetragen worden. Zusätzlich wurden im Google Cache und ähnlichen Internetangeboten unvollständige Skripte gefunden, deren Veröffentlichungsdaten und Ursprünge teilweise unbekannt sind. Als Grundlage wurde die Rede vom nordrheinwestfälischen Innenminister *Dr. Ingo Wolf* verwendet, die anlässlich des Amoklaufes eines ehemaligen Schülers der Geschwister-Scholl-Realschule am 20.11.2006 in Emsdetten gehalten wurde.

Gleich zu Beginn der Materialsammlung zeigen sich Schwierigkeiten bei den Recherchen über die Namensgebung des Täters. So werden in verschiedenen Berichten die Namen „Sebastian"[85] oder „Bastian"[86] verwendet. Da aber der Name Bastian in den Polizeidaten verwendet wurde, wird dieser auch nachfolgend übernommen.

4.2.1 Vorgeschichte und Tatplanung

Bastians Schulleben verlief alles andere als typisch für einen Jungen in seinem Alter. Schon mit dem Eintritt in die weiterführende Schule wurde er ständig mit gewalttätigen Angriffen in Form von Mobbing, in der Kriminologie auch als *School-Bullying* bezeichnet, konfrontiert. In der 7. Klasse soll er von seinen Mitschülern als „Hurensohn" beschimpft worden sein, woraufhin er sehr eingeschüchtert reagiert und sich unter einer Treppe geflüchtet haben soll.[87] Im Juni 2001 gingen diese Schikanen sogar so weit, dass er unter Druck von anderen Jungen einen glühenden Fahrradschlüssel in der Hand halten musste.[88]

Laut einem Zitat in einem Chatroom war der Aufenthalt an seiner Schule von der 5. - 8. Klasse ein Kampf gegen seine Frustration, Traurigkeit und Einsamkeit, die durch die Schikanen seiner Mitschüler hervorgerufen wurden. Den Quellen zufolge hatte Bastian in seiner völligen Isolation nur zwei virtuelle Kontakte im Chatroom gehabt. Einer davon war unter dem Namen „*entfremdete*" registriert, mit der er sehr

---

[85] Siehe Spiegel Online - Amokläufer von Emsdetten: Die wirre Welt des Sebastian B., unter: http://www.spiegel.de/panorama/justiz/0,1518,449738,00.html (2006).
[86] Siehe Innenministerium NRW - Rede von Dr. Ingo Wolf, unter: http://www.im.nrw.de/pm/141206_1018.html (2006).
[87] Vgl. Deggerich u.a. - Virus im Programm, S. 36 (2006)
[88] Ebd.

4. Vergleich von drei Amokläufen

viele Gespräche führte. Sie war zu dieser Zeit 21 Jahre alt und hatte die Funktion eines Ratgebers für Bastian.[89] Im persönlichen Umgang zurückgezogen und introvertiert, war er im Internet auf der Suche nach virtuellen Beziehungen. Während dieser Lebensperiode begann Bastian, sich intensiv mit Amokläufen an Schulen zu beschäftigen.[90] Es ging so weit, dass er sein gesamtes Wissen über den Themenkomplex auf seiner Homepage veröffentlichte.

Noch im selben Jahr meldete er sich im Juni in einem Online-Forum an, in dem Beratung für Probleme aller Art angeboten und auch professionelle Hilfe vermittelt wird. Dort schilderte er seine Angst gegenüber den anderen Jugendlichen, die Schwächere schikanieren, sowie seine Rachephantasien.
Dabei griff er explizit das Thema „Amok an Schulen" auf:[91]

> „Ich habe mich versteckt, seitdem hatte ich Angst. diese Angst schlägt so langsam in Wut um. Ich fresse die ganze Wut in mich hinein, um sie irgendwann auf einmal rauszulassen, und mich an all den Arschl**hern zu rächen, die mir mein Leben versaut haben. Ich meine diese „ganz harten", die meinen sie müssten mit 12 in der Ecke stehen und sich zuqualmen. Das sind die die immer nur auf die schwächeren gehen können. Für die, die es noch nicht genau verstanden haben: Ja, es geht hier um Amoklauf!"

Später behauptete er dann, seinen schulischen Pflichten wieder nachkommen zu können und der letzte Eintrag sei etwas übertrieben von ihm ausgedrückt worden.[92]

Der Polizei gegenüber ist Bastian vor dem Amoklauf nur einmal in Erscheinung getreten.[93] Am 4. Juni 2006 erhielt er die Genehmigung für einen kleinen Waffenschein. Dieser gestattete ihm das Lagern von Schreckschuss,-Reizstoff- und Signalwaffen. Noch im selben Monat, neunzehn Tage später, wurde ihm sein Waffenschein auf einem Open-Air Konzert von der örtlichen Polizei entzogen. Er habe mit seiner mitgeführten Schreckschusspistole nach eigenen Angaben einen Streit schlichten wollen.

---

[89] Siehe Tagesspiegel - Die Gesichter des jungen B.: Viele Wege, Möglichkeiten und irgendwann eine falsche Abzweigung: Wer war der Amokläufer von Emsdetten?, unter: http://www.tagesspiegel.de/zeitung/die-gesichter-des-jungen-b-/778516.html (2006).
[90] Siehe Innenministerium NRW - Rede von Dr. Ingo Wolf, unter: http://www.im.nrw.de/pm/141206_1018.html (2006).
[91] Anmerkung: Bastian schrieb am 26. Juni 2004 den oben erwähnten Forumeintrag auf der Onlineplattform http://www.das-beratungsnetz.de, dieser ist jedoch nicht mehr aufrufbar.
[92] Vgl. Bastians Eintrag ins Beratungsforum *(4. August 2007)*, unter: http://blog.darkborn.eu/download/beratungsnetz.php
Anmerkung: Da der Blog geschlossen wurde, ist dieser Eintrag auch nicht mehr abrufbar.
[93] Siehe Innenministerium NRW - Rede von Dr. Ingo Wolf, unter: http://www.im.nrw.de/pm/141206_1018.html (2006).

4. Vergleich von drei Amokläufen

Da das Mitführen von Waffen an öffentlichen Veranstaltungen nicht gestattet ist,[94] wurde er wegen diesem Vorfall angezeigt. Der Gerichtstermin wurde auf den 21. November 2006 gesetzt, einen Tag nach seinem Amoklauf.

Vor seiner Tat wollte Bastian die Medien für die Verbreitung seiner Ideologien nutzen, kündigte sein Vorhaben an, hinterließ einen Abschiedsbrief und sein selbstgedrehtes Video.[95] Als Motiv hierfür erwähnte er in seinem Abschiedsbrief den Hass gegen seine ehemaligen Mitschüler, die ihn unterdrückt und gedemütigt haben. Desweiteren ist auch das Lehrerpersonal von seiner Rache betroffen. Aus seiner Sicht haben Lehrer in sein Leben eingegriffen und ihm somit seinen Freiraum genommen.[96]

Den Ermittlungen der Polizei zufolge, war Bastians Rachezug zunächst auf 13 Personen gerichtet, deren Namen im Internet publiziert wurden. Diese sogenannte Todes- oder Opferliste war unter der Bezeichnung „primäre Todesziele" aufgelistet. Zusätzlich reflektierte er auf einer Onlineplattform namens *Live Journal* seine emotionalen Zustände und deren Gründe.[97]

4.2.2 Tathergang

Es war an einem Montag, den 20. November 2006, als der damals 18 jährige Bastian gegen 9:20 Uhr ohne Fahrerlaubnis mit dem Kraftfahrzeug seiner Großmutter zu seiner ehemaligen Schule, Geschwister-Scholl-Realschule in Emsdetten (NRW), fuhr.[98] Beim Verlassen des Fahrzeuges wurde beobachtet, wie er röhrenähnliche Gegenstände an seinem Körper befestigt und sie unter seiner Kleidung, einem langen dunklen Trenchcoat verbarg. Diese entpuppten sich als Schusswaffen, darunter auch Sprengmittel, die im Nachhinein von der Polizei sichergestellt wurden.[99]

Auf dem Weg zum sogenannten oberen Schulhof "Empore" zündete er bereits eine selbst hergestellte Rohrbombe und einen Rauchkörper an.

---

[94] Siehe Jura Forum - § 42 WaffG - Verbot des Führens von Waffen bei öffentlichen Veranstaltungen, unter:
http://www.juraforum.de/gesetze/waffg/42-verbot-des-fuehrens-von-waffen-bei-oeffentlichen-veranstaltungen (2002).
[95] Siehe Telepolis - "Ich will R.A.C.H.E", unter:
www.heise.de/tp/r4/artikel/24/24032/1.html (2006).
[96] Ebd.
[97] Siehe LiveJournal - ResistantX, unter:
http://resistantx.livejournal.com/ (2004).
[98] Vgl. Holger Engels - Das School Shooting von Emsdetten: Der letzte Ausweg aus dem Tunnel?, unter:
http://www.uni-osnabrueck.de/images/PStDokumente/Ringvorlesung_Kriminalistik_Engels.pdf, S. 2 (2007).
[99] Siehe Innenministerium NRW - Rede von Dr. Ingo Wolf, unter:
http://www.im.nrw.de/pm/141206_1018.html (2006).

4. Vergleich von drei Amokläufen

Noch im selben Augenblick eröffnete er rücksichtslos das Feuer auf entgegenkommende Personen, die sich zu dem Zeitpunkt auf diesem Gelände befanden. Zeitgleich mit seiner Ankunft an der Schule fing die erste große Unterrichtspause an, sodass besonders viele Schüler und Lehrerpersonal als Pausenaufsicht in diesem Schulabschnitt waren.[100]
Unter seinen ersten Opfern war eine 55 jährige Lehrerin, die ihm nach der ersten Explosion folgte. Zielgerichtet warf er einen weiteren Rauchköper auf sie, wodurch es zu schweren Verletzungen im Kopfbereich kam.[101]
Desweiteren gab er mehrere ungezielte Schüsse in ihre Richtung ab und feuerte kurz darauf willkürlich auf die dort anwesenden Schüler. Auf seinem weiteren Weg zum Haupteingang des Schulgebäudes wurden drei weitere Schüler durch seine weiteren Schüsse verletzt. Daraufhin traf er auf seinen damals 16-jährigen jüngeren Bruder Dennis, der ebenfalls Schüler der Geschwister-Scholl-Realschule ist.[102]
Dieser versuchte ihn aufzuhalten, wurde jedoch von Bastian mit den Worten, er solle nach Hause gehen, zurück gelassen. Anschließend betrat er das Schulgebäude durch den Haupteingang und verletzte währenddessen den 55 jährigen Hausmeister mit einem Bauchschuss. Gegen 9:28 Uhr wurde die Polizei über ein Notruf durch die Schulleitung informiert, etwa 6 Minuten später, 9:34 Uhr, waren die ersten Beamten vor Ort.[103]
Während die Polizei versuchte, in die Realschule vorzudringen, zog sich Bastian ins Obergeschoss seiner ehemaligen Schule zurück.[104] Beim Eintreffen einer Schülergruppe in der Näher der Schulaula fielen weitere Schüsse durch seine Hand. Dabei wurde ein Schüler schwer verletzt.
Er setzte seinen Weg unmittelbar in das 1. OG fort. Dort angekommen, machte er mindestens einmal von seinen Schusswaffen Gebrauch, doch verletzt wurde niemand.
Nachdem er im weiteren Verlauf die Treppe zum 2. OG erreicht hatte, kam ihm eine weitere Gruppe von Schülern entgegen. Erneut eröffnete er das Feuer, welches zu 2 weiteren Verletzten, einem zehn- und einem 12-jährigen Mädchen, führten. Im Treppenhaus zündete er mindestens einen Molotowcocktail, der zu einer starken Rauchentwicklung in den oberen Geländeabschnitten führte.
Aufgrund der Rauchentwicklung konnten die Schüler, die noch im selben Geschoss anwesend waren, über die Treppen ungehindert flüchten, sodass es zu keiner weiteren Begegnung mit dem Täter kam. Ferner wurden weitere Explosionen erzeugt, durch deren starke Rauchentwicklung weitere Personen der Schule verletzt wurden.[105]

---

[100] Siehe Innenministerium NRW - Rede von Dr. Ingo Wolf, unter: http://www.im.nrw.de/pm/141206_1018.html (2006).
[101] Vgl. Deggerich u.a. - Virus im Programm, S. 36 (2006).
[102] Siehe Fußnote 100.
[103] Siehe Spiegel Online - Amoklauf in der Schule: Der verhinderte Massenmord von Emsdetten, unter: http://www.spiegel.de/panorama/justiz/0,1518,449622,00.html (2006).
[104] Siehe Fußnote 100.
[105] Ebd.

4. Vergleich von drei Amokläufen

Im 2. OG endete auch der Amoklauf, indem sich der Täter eine altertümliche 15-Millimeter-Vorderlader-Perkussionswaffe in den Mundbereich steckte und Suizid beging. Dabei erlitt sein Gesicht durch die Zündung des Schwarzpulvers erhebliche Verbrennungen, sodass eine Identifizierung des Täters erschwert wurde.[106]

Insgesamt wurden 37 Personen während des School Shootings verletzt:[107]

- 6 Personen erlitten Schussverletzungen
- 1 Lehrerin erlitt Gesichtsverletzungen durch den Wurf einer Rauchgranate
- 14 Personen erlitten einen Schock
- 16 Polizeibeamte erlitten Rauchvergiftungen

Der gesamte Amoklauf in Emsdetten dauerte vom Betreten des Schulgeländes bis zum Suizid des „Täters" 1 Stunde und 10 Minuten.

4.2.3 Der Täter Bastian Bosse

Bastian Bosse wuchs mit zwei jüngeren Geschwistern und seiner Großmutter Margarete in Emsdetten auf. Sein Vater war ein Briefträger der Stadt, während seine Mutter sich zu Hause um den Haushalt kümmerte. Sein Großvater, dem er sehr nahe stand, starb 2005 an Lungenkrebs.
Bastians Vater war Mitglied eines Schützenvereins und wurde zweimal Schützenkönig. Trotzdem galtseine Leidenschaft nicht den Waffen. Sein16-jähriger Bruder war zu diesem Zeitpunkt noch Schüler der Geschwister–Scholl–Realschule, während seine Schwester auf ein Gymnasium ging.
Laut den Aussagen der Mutter war nichts Außergewöhnliches an Bastian festzustellen, bis auf seinen intensiven Spielkonsum, den sie jedoch für Jungen in seinem Alter als normal einstufte. In der Familie galt er als ein eher zurückgezogenes Mitglied, wurde aber dennoch, so wie er war, mit eingebunden.

Im Sommer des Jahres 2006 verließ Bastian die Schule mit einem Realabschluss. Anschließend arbeitete er stundenweise als Aushilfskraft bei einem Baumarkt in Emsdetten. Trotz seiner Bereitschaft zu einer Vollzeittätigkeit, wurde er trotz allem nach zahlreichen Bewerbungen abgewiesen.[108]

---

[106] Vgl. Harnischmacher Das Amok Phänomen - ein Erklärungsversuch am Ausgangsfall in Emsdetten, S. 452 - 454 (2007).
[107] Siehe Innenministerium NRW - Rede von Dr. Ingo Wolf unter:
http://www.im.nrw.de/pm/141206_1018.html (2006).
[108] Vgl. Holger Engels - Das School Shooting von Emsdetten: Der letzte Ausweg aus dem Tunnel?, unter:
http://www.uni-osnabrueck.de/images/PStDokumente/Ringvorlesung_Kriminalistik_Engels.pdf, S. 2 (2007).

4. Vergleich von drei Amokläufen

Bis zu seinem Schulabgang wiederholte Bastian einmal die siebte Klasse und blieb im achten Schuljahr noch einmal sitzen.[109] Bereits in der neunten Klasse war er somit zwei Jahre älter als seine Klassenkameraden. Aufgrund des Altersunterschieds war er den Demütigungen seiner Mitschüler nicht mehr ausgesetzt. Dennoch vermied er jeglichen Kontakt, da sie aus seiner Sicht „Vollidioten oder „halbstarke Kiffer" waren.[110]
Das Spektrum seiner Charakterisierung ist breit gefächert.[111] So wird er einerseits von einigen Nachbarn als ein in sich gekehrter, netter und behilflicher Junge dargestellt, anderseits sahen einige Mitschüler in ihm einen aggressiven und gewalttätigen Menschen. Lehrer der Geschwister–Scholl–Realschule hingegen beschrieben ihn als einen unauffälligen verschlossenen Schüler, der niemand an sich heran ließ.[112]

In der Pressemitteilung von Innenminister Dr. Ingo Wolf wird der Täter folgendermaßen beschrieben:[113]

> „[...] Er galt als introvertierter Einzelgänger und war als Waffenliebhaber sowie Anhänger der so genannten Gothic-Szene, einer subkulturellen Jugendszene, bekannt. [...]"

Marco, ein ehemaliger Mitschüler von Bastian, teilte dem Magazin *Stern* in einem Interview mit, dass ihm während der Schulzeit Veränderungen an Bastian aufgefallen seien.[114]
Zwei Jahre vor dem Amoklauf habe er sein äußerliches Erscheinungsbild geändert. Mit ausschließlich schwarzer Kleidung und schwarz lackierten Fingernägeln ging er in die Schule und zog sich immer weiter in sich zurück.

---

[109] Siehe Spiegel Online - Amoklauf in Emsdetten: Die wirre Welt des Sebastian B., unter: http://www.spiegel.de/panorama/justiz/0,1518,449738,00.html (2006).
[110] Siehe Tagesspiegel - Die Gesichter des jungen B.: Viele Wege, Möglichkeiten und irgendwann eine falsche Abzweigung: Wer war der Amokläufer von Emsdetten?, unter: http://www.tagesspiegel.de/zeitung/die-gesichter-des-jungen-b-/778516.html (2006).
[111] Siehe Stern - Amoklauf in Emsdetten: Wer war Sebastian B.?, unter: http://www.stern.de/politik/deutschland/amoklauf-in-emsdetten-wer-war-sebastian-b-576933.html (2006).
[112] Vgl. Deggerich u.a. - Virus im Programm, S. 37 (2006).
[113] Siehe Innenministerium NRW - Rede von Dr. Ingo Wolf, unter: http://www.im.nrw.de/pm/141206_1018.html (2006).
[114] Siehe Stern - Mitschüler des Amokläufers: Bastian war kein Außenseiter, unter: http://www.stern.de/panorama/mitschueler-des-amoklaeufers-bastian-war-kein-aussenseiter-577045.html (2006).

4. Vergleich von drei Amokläufen

In seiner Zurückgezogenheit standen Computerspiele und Gewalt verherrlichende Videofilme[115] im Vordergrund. Zu seinen bevorzugten Spielen gehörten unter anderem *Counterstrike* und *Doom*, die sogenannten „Ego-Shooter".[116] Desweiteren war er Gründer eines AIR-Soft Teams, das sich selbst „Tactical Air Soft Team Emsdetten", kurz „TASTE", nannte.
Diese umfasste 20 weitere männliche Mitglieder, die Kriegs- und Kampfszenen mit Soft-Air-Waffen inszenierten. Ein TASTE-Mitglied verfasste den folgenden Text über die Hintergründe von TASTE: [117]

> „Ausser ResistantX und eLiMiNaToR ist keiner der Gründungsmitglieder mehr im Team. Leider zeigt sich immer erst nach einer gewissen Zeit, wer an einer Sache wirklich Interesse hat, und wer sie nur begonnen hat weil XY es auch getan hat, oder man nichts Besseres zu tun hatte. An dieser Stelle mal ein Lob an eLiMiNaToR, der es nun schon fast 3 Jahre mit mir in einem Team aushält.
> Es entstand also ein kleiner Verein junger Burschen, welche mit ihren Springpistolen und Baumarktbrillen zu spielen begannen.
> Nicht lange dauerte es, bis Destroyer in das Team S.I.C.K. aufgenommen wurde. Dieser war allerdings so oft beim Training, wie Harald Juhnke in der Milchbar.
> Einige Trainings und ältliche Wochen später kam ReVo (heute DiamondViper) in unser Team. ReVo war ein echter Gewinn für uns,
> denn er war als einziger volljährig, und hatte eine TM SPAS12. Da fällt mir ein, dass Splinter zu der Zeit schon eine NBB hatte...aber...ich sag nur "Milchbar".
> Es kam die Vernunft, es kamen neue Marker, und bald darauf kam auch der erste Skirm. Wir spielten gegen S.A.S. - ein Team aus dem Ruhrgebiet, mit wem wir auch heute noch in Kontakt stehen.
> Später dann lernten wir das Team SACS kennen, wir skirmten zusammen, und irgendwie kam es, dass die Jungs sich auflösten. Seitenwinder, vom ehemaligen SACS, war der erste der sich bei S.I.C.K. einen Platz verschaffte, Stehmie, Weazel,The_Ruby und Solarix folgten.
> Kurze Zeit lief alles prima, doch dann gab es hier und da Probleme, und auf einmal wusste jeder das ein anderer das Team verlassen will und und und. Doch letztlich war alles in Ordnung. Das war dann auch der Zeitpunkt, noch mal neu zu beginnen, wir suchten einen neuen Namen, eine neue Domain und wir wählten einen neuen Vorstand. Was dabei raus kam war das "Tactical Airsoftteam Emsdetten", unter der Führung von Seitenwinder und meiner Wenigkeit, zu erreichen unter http://www.taste-sport.de."

---

[115] Vgl. Holger Engels - Das School Shooting von Emsdetten: Der letzte Ausweg aus dem Tunnel?, unter:
http://www.uni-osnabrueck.de/images/PStDokumente/Ringvorlesung_Kriminalistik_Engels.pdf, S. 2 (2007).
[116] Siehe Stern - Amoklauf in Emsdetten: Wer war Sebastian B.?, unter:
http://www.stern.de/politik/deutschland/amoklauf-in-emsdetten-wer-war-sebastian-b-576933.html (2006).
[117] Siehe Nullpunkt" - Sammelmappe: „Bastian", unter:
http://nullpunkt.keinmensch.de/forum/viewtopic.phpf=20&t=3&st=0&sk=t&sd=a&start=10 (2007).

4. Vergleich von drei Amokläufen

Solche und weitere Aktivitäten wurden von Bastian auf Video festgehalten, welches auch später kurz vor dem Amoklauf von ihm veröffentlicht wurde.
Darüber hinaus spielte das Internet eine entscheidende Rolle in seinem Leben.
Hier erstellte er seine eigene Homepage mit einem Forum und veröffentlichte die oben genannten selbstgedrehten Videosequenzen, die zu dem Zeitpunkt noch für alle frei zugänglich waren. In seinem Onlinetagebuch sind in der Zeitspanne vom 02. September 2004 bis zum 20. Mai 2005 Einträge zu finden, die Missstände in seinem Leben mit entsprechenden Emotionen beschreiben.
Oftmals schrieb er über Frustration und Sinnlosigkeit seines Lebens. Ein weiterer Grund lieferte die Enttäuschung über seine große Liebe.[118] Es soll sich dabei um ein Mädchen gehandelt haben, deren Liebe nicht ihm galt, sondern seinem bis dahin besten Freund.[119]
Seine Gemütsverfassung wurde von ihm durch sogenannte „Emoticons" und Musiktitel im Betreff nochmals verdeutlicht. Dabei taucht gehäuft „depressed" und „angry" auf.[120] Während er sein reales Leben unauffällig führte, ließ er hier seiner angestauten Frustration, Hass und Verzweiflung freien Lauf.
Noch im selben Jahr registrierte er sich bei dem Berliner Forum „Das Beratungsnetz" und teilte seine Frustration und Verzweiflung den anderen Mitgliedern mit. Dabei griff er explizit das Thema „Amoklauf" auf.[121]

Bastian war sowohl auf seiner Homepage als auch in weiteren Onlineplattformen unter dem englischen Decknamen „ResistantX" bekannt.
Dieses Pseudonym ist laut eines Forumeintrages, den er selbst verfasst hatte, mit Bedacht gewählt worden. Er schrieb folgende Begründung:[122]

> „Den Namen "ResistantX" habe ich mir 2003 oder 2004 zugelegt. "ResistantX" ist gleichzusetzen mit "Vergänglichkeit", da alles bis zu einem bestimmten Punkt (X) standhaft ist, aber irgendwann zusammenbricht. Vergänglichkeit ist meiner Meinung nach das Beste, was es auf dieser Welt gibt!"

Diese Zerbrechlichkeit lässt sich nicht nur auf die „Welt" beziehen, sondern auch auf das Leben von Bastian. Auch er kann den Schikanen und Demütigungen bis zu einem gewissen Punkt standhalten. Wird diese Grenze überschritten, so brechen die moralischen Säulen ein und es entsteht ein Abgrundtiefes Hassgefühl, welches die Form eines Amoklaufes annimmt.

---

[118] Vgl. Deggerich u.a. - Virus im Programm, S. 36 (2006).
[119] Siehe Tagesspiegel - Die Gesichter des jungen B.: Viele Wege, Möglichkeiten und irgendwann eine falsche Abzweigung: Wer war der Amokläufer von Emsdetten?, unter: http://www.tagesspiegel.de/zeitung/die-gesichter-des-jungen-b-/778516.html (2006).
[120] Vgl. Bastians Onlinetagebuch, unter: http://resistantx.livejournal.com/ (2004).
[121] Siehe Ice Blog - ResistantX - Google-Spuren des Amok-Läufers Sebastian B., unter: http://www.ice-blog.de/159-resistantx-google-spuren-des-amok-laeufers-sebastian-b (2006).
[122] Siehe Spiegel Online - Amoklauf in Emsdetten: Video - Vermächtnis mit Waffe, Mantel, Kampfstiefel, unter: http://www.spiegel.de/netzwelt/web/0,1518,449681,00.html (2006).

4. Vergleich von drei Amokläufen

4.2.4 Erworbene Waffen

Bastian hatte vor dem Amoklauf sein gesamtes Waffenarsenal in seinem Kraftfahrzeug gelagert, das knapp 50 Meter vor der Schule abgestellt wurde.[123] Für die eigentliche Tat nahm er aber nur einen Teil seiner Waffensammlung mit und ließ die übrigen zurück. Um an das Wissen über Material und Herstellung von Sprengsätzen zu gelangen, nutzte er im Internet unter anderem Chemieforen wie *chemikalien.de*[124] und gothicgeneration.de,[125] auf die seit dem Amoklauf nicht mehr zugegriffen werden kann. Des Weiteren erwarb er im Zeitraum vom Oktober bis November des Jahres 2006 in Internetauktionen zwei Perkussionswaffen, die in Deutschland ab 18 Jahren frei erhältlich sind.[126]
Die dritte Waffe, ein waffenscheinpflichtiges Kleinkalibergewehr, hat er von einem ehemaligen Mitglied seines Teams „TASTE" erworben.[127] Sämtliche Munition wurde ebenfalls aus Internetportalen angeschafft.[128]

Weitere Waffen und Bomben wurden nach seiner Tat von der Polizei am Tatort sichergestellt. Diese waren:[129]

- 17 selbstgefertigte Rohrbomben
- 7 Rauchkörper
- 9 Molotow - Cocktails
- 19 Schrotbecher, die von Bastian selbst hergestellt wurden und mit verschiedenen Füllmaterialien, wie Luftgewehrmunition oder Bleigeschossen, gefüllt waren
- 4 Behältnisse, die nach Angaben der Polizei Pfefferspray enthielten

---

[123] Vgl. Holger Engels - Das School Shooting von Emsdetten: Der letzte Ausweg aus dem Tunnel?, unter:
http://www.uni-osnabrueck.de/images/PStDokumente/Ringvorlesung_Kriminalistik_Engels.pdf, S. 2 (2007).
[124] Siehe Gulli - Websites von ResistantX aka Sebastian B. werden gelöscht, unter:
http://www.gulli.com/news/amoklauf-in-emsdetten-websites-2006-11-21/ (2006).
Anmerkung: Ice Blog - ResistantX - Google-Spuren des Amok-Läufers Sebastian B. benennt den genauen Link zu der Internetseite *chemikalien.de*, unter:
http://forum.chemikalien.de/profile.php?mode=viewprofile&u=101311 (no date).
[125] Siehe Nullpunkt - Sammelmappe „Bastian", unter:
http://nullpunkt.keinmensch.de/forum/viewtopic.php?f=20&t=3&st=0&sk=t&sd=a&hilit=bastian&start=10 (2007).
[126] Siehe Odenwald Geschichten - Amok in Zeiten des Internet: Bastian Bosse erwarb Waffen auf Darmstädter Handelsplattform *egun.de*, unter:
http://www.odenwald-geschichten.de/?p=1366 (2006).
[127] Siehe n-tv - Amoklauf von Emsdetten: Waffen im Internet besorgt, unter:
http://www.n-tv.de/panorama/Waffen-im-Internet-besorgt-article200064.html (2006).
[128] Siehe Fußnote 126.
[129] Siehe Innenministerium NRW - Rede von Dr. Ingo Wolf, unter:
http://www.im.nrw.de/pm/141206_1018.html (2006).

- 2 Dosen mit Schwarzpulver
- 2 Wurfsterne
- 1 Schlagstock
- 1 Machete

4.2.5 Der Abschiedsbrief

„Ich will **R A C H E!**", dies waren seine letzten Worte, bevor sich Bastian sein Leben nahm. Worte, die den abgrundtiefen Hass gegen die „Ungerechtigkeit" und die Ausweglosigkeit dieses jungen Menschen symbolisieren. Das Gefühl, weder von Eltern noch von Lehrern verstanden zu werden, kennen sicher die meisten Menschen in ihrem pubertierenden Lebensabschnitt als Jugendlicher. In seinem mehrseitigen Abschiedsbrief, den Bastian vor seinem Tod hinterließ, werden Probleme und Teile seines Lebens widergespiegelt. Er war ein Jugendlicher, der auf die Schule ging, Freunde hatte und in seiner Freizeit Computerfilme oder Videospiele konsumierte, wie es bei den meisten gleichaltrigen Jungen üblich ist. So stellt sich die Frage nach den Hintergründen, die Bastian dazu verleitet haben, sein noch so junges Leben aufzugeben.

In seinem Abschiedsbrief werden drei Themenfelder genannt, gegen die sich sein Hass richtet. Diese sind:

- Schule
- Politik
- Gesellschaft

Schule:

Die Schulzeit umfasst eine wichtige Lebensphase, die einen jungen Menschen auf unterschiedlichste Weise prägt. Sowohl positive, als auch negative Erfahrungen werden den Schülern mit auf dem Weg gegeben. Manche empfinden diese Zeit als angenehm, für andere aber ist die Schule ein Denkmal des Scheiterns.

Auch Bastian kann seine Schulzeit im Gesamtbild nicht als positiv betrachtet werten. In zwei aufeinanderfolgenden Jahrgängen blieb Bastian sitzen. Von Mitschülern wurde er erst psychisch, dann auch physisch gedemütigt. All diese Faktoren gaben Bastian das Gefühl, ein Verlierer zu sein, auf den alle herabschauen. Desweiteren sieht er sich als Individuum, dessen Freiheit von dem Bildungssystem eingeschränkt wird. Er schrieb folgendes: [130]

---

[130] Siehe Telepolis - "Ich will R.A.C.H.E", unter: www.heise.de/tp/r4/artikel/24/24032/1.html (2006).

4. Vergleich von drei Amokläufen

> *„[...]Lehnt es dies ab, schalten sich Lehrer, Eltern, und nicht zuletzt die Polizei ein. Schulpflicht ist die Schönrede von Schulzwang, denn man wird ja gezwungen zur Schule zu gehen. Wer gezwungen wird, verliert ein Stück seiner Freiheit. [...]"*

Da Bastian die Schule mit schmerzlichen Erinnerungen verbindet, ist es nachvollziehbar, dass er nicht gerne an diesem Ort bleiben möchte.
Dennoch muss er aufgrund des Schulsystems die Schule besuchen und sah sich hierin als Opfer.

Staat:

Er akzeptierte die existierende Staatsform in Deutschland nicht und sah auch nicht ein, sich an irgendwelche Gesetze, die für ein Zusammenleben notwendig seien, zu halten. [131]

> *[...] Ich bin frei! Niemand darf in mein Leben eingreifen, und tut er es doch hat er die Konsequenzen zu tragen! Kein Politiker hat das Recht Gesetze zu erlassen, die mir Dinge verbieten, Kein Bulle hat das Recht mir meine Waffe wegzunehmen, schon gar nicht während er seine am Gürtel trägt. [...]*

Am 21. November 2006, ein Tag nach dem Amoklauf, drohte ihm ein Gerichtstermin, der voraussichtlich den Einzug seines „kleinen Waffenschein" zur Folge haben sollte.

Gesellschaft:

Bastian sieht die Gesellschaft als eine Gesamtmasse an, deren Individualität von der Schule genommen wird. Sich selbst sieht er aber als einen einzelnen Menschen, der sich dieser Prozedur nicht angeschlossen hat.
So schrieb er:[132]

> *„Eine Welt in der Geld alles regiert, selbst in der Schule ging es nur darum. Man musste das neuste Handy haben, die neusten Klamotten, und die richtigen "Freunde". hat man eines davon nicht ist man es nicht wert beachtet zu werden."*

Es ist nachvollziehbar, dass Geld in unserer heutigen Zeit einen hohen Stellenwert hat, der unsere Existenz begründet. Vom negativen Einfluss des Geldes im jungen Alter hat sich das Bild in ihm eingeprägt, das ihm über Jahre hinweg erhalten bleibt.

---

[131] Siehe Telepolis - "Ich will R.A.C.H.E", unter:
www.heise.de/tp/r4/artikel/24/24032/1.html (2006).
[132] Ebd.

4. Vergleich von drei Amokläufen

Dennoch, in jedem der oben zitierten Abschnitte seines Abschiedsbriefes werden narzisstische Züge in seiner Persönlichkeit sichtbar. Er sieht seine Vorstellung und sich selbst als etwas Besseres und bedenkt dabei nicht, dass gerade einige seiner Ansichten fatale Folgen haben können, wenn jeder Mensch danach handeln würde, wie es aus seiner Sicht richtig wäre.

4.2.6 Bilanz

Der Abschiedsbrief von Bastian Bosse ist eines der wertvollen Materialen, die von den Behörden aufgrund der Verbreitungskraft des Internets nicht gelöscht werden konnten. Trotzdem haben Medienorgane wie *RTL* und *BILD* versucht, diesen Abschiedsbrief zu manipulieren, indem Textpassagen raus gestrichen und diese als Original veröffentlicht wurden.
RTL ging sogar soweit, Satzteile hinzu zufügen, die dem Brief eine vollkommen andere Bedeutung geben.[133] Beim Lesen des modifizierten Briefes bekommt der Leser den Eindruck, Bastian wäre ein wahnkranker brutaler Jugendlicher gewesen, über dessen Motive man nicht sprechen müsste.

Darüber hinaus gehört der Amoklauf in Emsdetten zu den seltenen Fällen, bei dem es keine weiteren Todesopfer gab, ausschließlich die Selbsttötung des Täters. Bei der Pressemitteilung von NRW Innenminister Dr. Ingo Wolf wurde das schnelle Eingreifen der Polizei als Grund genannt, dass es zu keinen weiteren Toten kam.

Auf der offiziellen Homepage des Innenministeriums steht folgendes geschrieben:[134]

> [...] So schlimm die Folgen für die Opfer und ihre Angehörigen in Emsdetten sind: Nur durch das sofortige und entschlossene Handeln der zuerst am Tatort eingetroffenen Polizeibeamten konnte ein wesentlich schlimmerer Verlauf der Tathandlungen verhindert werden. [...] Die Einsatzkräfte der Kreispolizeibehörde Steinfurt haben die Situation sofort richtig eingeschätzt und zielgerichtet unter Inkaufnahme eines hohen Eigenrisikos gehandelt. So konnte eine weitere Eskalation der Lage verhindert werden. [...]

---

[133] Siehe Alexander Reiter - Ich will Z.E.N.S.U.R., unter:
http://www.leckse.net/artikel/misc/abschiedsbrief-im-vergleich (2006)
Anmerkung: Auch auf der Tochterseite von Wikipedia (unter:
http://de.wikinews.org/wiki/Nach_der_Schie%C3%9Ferei_in_Emsdetten:_Einflussnahme_auf_Websites) wird erwähnt, dass *RTL* und *BILD* eine gekürzte Version des Abschiedsbriefs veröffentlicht haben. Diese sind aber vom Verfasser nicht gefunden worden.
[134] Siehe Innenministerium NRW - Rede von Dr. Ingo Wolf, unter:
http://www.im.nrw.de/pm/141206_1018.html (2006).

4. Vergleich von drei Amokläufen

Es stellt sich die Frage, ob Bastians Absichten überwiegend von dem Ermorden anderer Menschen geprägt waren oder seine Tat als eine Art Abschreckung dienen sollte. So hat er außer sich selbst niemanden töten können. Dies führt zu der Frage, ob er tatsächlich niemanden töten wollte, über ungeeignete Mittel verfügte oder einfach ein schlechter Schütze war. Dies kann heute nicht mehr zweifelsfrei geklärt werden.

4. Vergleich von drei Amokläufen

4.3 Winnenden

Der jüngste Amoklauf in Deutschland ereignete sich nach Erfurt und Emsdetten in Winnenden. Am Vormittag des 11. März 2009 erschoss Tim Kretschmer 15 Menschen während seines Amoklaufs und nahm sich anschließend das Leben. Wer war „Tim K." und welches waren seine Beweggründe? Dies wird in den nächsten Abschnitten mit Hilfe der Rekonstruktion seiner Vergangenheit versucht, näher zu beleuchten.

4.3.1 Tatvorbereitung und Vorgeschichte

Der Amokschütze Tim Kretschmer wird als ein eher unauffälliger und freundlicher Junge beschrieben,[135] der seine sozialen Kontakte pflegte. So lud er oftmals seine Freunde zu sich nach Hause ein[136] oder ging auf öffentliche Feiern.[137] Auch war er ein leidenschaftlicher und erfolgreicher Tischtennisspieler, der nebenbei gern noch seine Zeit mit Computerspielen und Kampfsport[138] verbrachte. Alles deutete auf einen normalen Jugendlichen hin, der sich in die Gesellschaft integriert hat.
In seiner schulischen Laufbahn gab es vor seinem Realschulabschluss somit keine nennenswerte Auffälligkeiten, die auf seine spätere Tat hätten hinweisen können.
Dennoch muss es in seinem Leben einen Wendepunkt gegeben haben, der ursächlich für Tims Entwicklung vom „normalen" Jungen zum Amokschützen ist. Möglicherweise fand die Veränderung im Jahr 2008 statt, also nachdem er seinen Realschulabschluss absolviert hatte. Aus Freundeskreisen wurde berichtet, dass Tim sich immer mehr zurückgezogen hatte. Seine Leidenschaft, das Tischtennisspielen, vernachlässigte er und erschien immer seltener beim Training.

---

[135] Siehe Stuttgarter Zeitung - Der Täter Tim K. : Ein schüchterner Angeber mit Depressionen, unter:
http://www.stuttgarter-zeitung.de/stz/page/1971368_0_9223_der-taeter-tim-k-ein-schuechterner-angeber-mit-depressionen.html (2009).
[136] Ebd.
[137] Siehe ZDF Reportage - Der Amoklauf von Winnenden (Interview mit Besitzerin der Bar Domino) (2009).
[138] Siehe Ärzte Zeitung - Der Amokläufer von Winnenden: Depressiver Waffennarr Tim K., unter:
http://www.aerztezeitung.de/medizin/krankheiten/neuro-psychiatrische_krankheiten/article/537655/amoklaeufer-winnenden-depressiver-waffennarr-tim-k.html (2009).

4. Vergleich von drei Amokläufen

Stattdessen widmete er sein volles Interesse den Waffen. Es ging sogar soweit, dass er in seinem Zimmer alte Poster abhing und durch Soft Air Waffen ersetzte.[139] Diese wurden über seinen Vater bestellt, da das Erwerben solcher Schusswaffen nur Volljährigen gestattet ist.

Mit einigen seiner Kameraden traf er sich auf Spielplätzen, und sie beschossen sich mit Plastikkugeln. Tim hatte sich aber nicht an die ausgemachten Regeln gehalten und Waffen benutzt, die eine härtere Durchschlagskraft besaßen und bei seinen Gegnern erhöhte Schmerzen hervorriefen.[140]

So scheint es, dass sich mit dem Interesse an Waffen parallel eine erhöhte Aggressionsbereitschaft bei Tim entwickelte. Das wiederum könnte auf eine sadistische Neigung hinweisen, da Tim in dem Fall bewusst seine Waffe austauschte, um damit das Erschießen und die hinzugefügten Schmerzen seiner Gegner realistischer wirken zu lassen. An einem anderen Punkt lässt sich diese Vermutung bestärken. So habe er an Videoabenden mit seinen Freunden gerne Horrorfilme vorgezeigt. Dabei spulte Tim bis zu seinen bevorzugten Szenen, die oftmals grauenhaft waren. Im Laufe der Zeit verlor Tim aufgrund seines Verhaltens immer mehr den Kontakt zu seinen Freunden und zog sich in seine Isolation zurück. Computerspiele gehörten nun zu seiner Tagesordnung. Sein Vater ließ in seinem Keller eine Schießanlage errichten, damit sein Sohn seine Treffsicherheit und den Umgang mit Waffen trainieren konnte.[141]

4.3.2 Tathergang

An einem Mittwochvormittag, den 11. März 2009, betrat Tim Kretschmer um 9:30 Uhr Ortszeit den Eingang der Albertville-Realschule und stürmte zielgerichtet in das erste Obergeschoss. Dort angekommen, betrat er zwei Klassenzimmer und einen Chemiesaal, die er als Tatort für sein Blutbad auswählte.[142]

---

[139] Siehe BZ Berlin - Polizei fand Killerspiele, Horrorfilme und Pornobilder auf dem Computer von Kretschmer +++ Er war Einzelgänger und hatte keine Freundin:
Der Amok-Schütze (17) war wegen Depressionen in der Nervenklinik. Die Ärzte konnten seine kranke Seele nicht heilen, unter:
http://www.bz-berlin.de/archiv/der-amok-schuetze-17-war-wegen-depressionen-in-der-nervenklinik-die-arzte-konnten-seine-kranke-seele-nicht-heilen-article395103.html (2009).

[140] Siehe Stuttgarter Zeitung - Der Täter Tim K. : Ein schüchterner Angeber mit Depressionen, unter:
http://www.stuttgarter-zeitung.de/stz/page/1971368_0_9223_der-taeter-tim-k-ein-schuechterner-angeber-mit-depressionen.html (2009).

[141] Ebd.

[142] Siehe Polizei Baden-Württemberg -Amoklauf von Winnenden endet im Industriegebiet in Wendlingen: 17-Jähriger tötete sich im Anschluss selbst, unter:
http://www.polizei-bw.de/presse/pm2008/seiten/prim_amok.aspx (2009).

4. Vergleich von drei Amokläufen

Bewaffnet mit einer Beretta 9 mm erschoss er im letzten Zimmer links fünf Schüler, darauffolgend sind in einem weiteren Zimmer mindestens zwei weitere Schüler durch seine Waffe umgekommen.[143] In dem Chemiesaal, der sich auf der gegenüberliegenden Seite des Flurs befand, wurde eine Lehrerin von einem Schuss getroffen und getötet, während sie sich hinter einem Experimentiertisch aufhielt.[144] Der Notruf erreichte die örtliche Polizei um 9:33 Uhr.[145]

Nachdem er die um 9:36 Uhr eintreffenden Polizeibeamten wahrnahm, erschoss er auf seiner Flucht zwei weitere Lehrerinnen, die sich zu dem Zeitpunkt im Flur befanden.[146] Außerdem wurden neun weitere Schüler durch die Schießerei verletzt, wobei zwei schwerverletzte Schülerinnen und eine Lehrerin auf dem Weg ins Krankenhaus verstarben.[147] In der Schule selbst wurden insgesamt 60 Schüsse von Seiten des Täters abgegeben.[148] Als er das Schulgebäude verlassen konnte, setzte er seine Flucht in Richtung des Krankenhauses „Zentrum für Psychiatrie" fort und erschoss mit neun Schüssen einen 56 Jahre alten Mitarbeiter, der kurz darauf verstarb.[149] Anschließend kidnappte er auf dem Parkplatz des Krankenhauses einen parkenden VW-Sharan, in dem ein 41 Jahre alter Autofahrer saß, und bedrohte ihn mit seiner Waffe, mit der Aufforderung, in Richtung Wendlingen zu fahren.[150]
Unter Todesangst lenkte der Autofahrer auf die B14 über Waiblingen nach Stuttgart und weiter auf die A81. Kurz vor dem Wendlinger Kreuz gelang es dem Fahrer durch ein Bremsmanöver vor einer Kontrollstelle der Polizei anzuhalten und zu fliehen.[151] Der Täter verließ daraufhin das Fahrzeug und ging zu Fuß in Richtung des Industriegebietes Werth in Wendlingen. Dort angekommen, betrat er um 12:15 Uhr ein Autohaus und bedrohte einen Mitarbeiter, um ein Fluchtauto zu erpressen.[152]

---

[143] Siehe Stuttgarter Zeitung - Flucht endet am Notausgang: Neue Details zum Tathergang, unter:
http://www.stuttgarter-zeitung.de/stz/page/1971397_0_9223_-flucht-endet-am-notausgang-neue-details-zum-tathergang.html (2009).
[144] Ebd.
[145] Siehe Wikipedia - Die freie Enzyklopädie: Amoklauf in Winnenden, unter:
http://de.wikipedia.org/wiki/Amoklauf_von_Winnenden#cite_note-Polizei_Waiblingen-0 (2009).
[146] Siehe Polizei Baden-Württemberg -Amoklauf von Winnenden endet im Industriegebiet in Wendlingen: 17-Jähriger tötete sich im Anschluss selbst, unter:
http://www.polizei-bw.de/presse/pm2008/seiten/prim_amok.aspx (2009).
[147] Ebd.
[148] Siehe Fußnote 143.
[149] Siehe Fußnote 146.
[150] Ebd.
[151] Ebd.
[152] Siehe Fußnote 145.

4. Vergleich von drei Amokläufen

In einem unbeobachteten Moment gelang es diesem Angestellten zu fliehen, woraufhin der Täter einen anderen 36 Jahre alten Mitarbeiter und dessen 46 Jahre alten Kunden während eines Verhandlungsgespräch erschoss.[153]
Nach polizeilichen Erkenntnissen wurden die beiden Männer von insgesamt 13 Schüssen getroffen und dabei tödlich verletzt.[154] Der getötete Mitarbeiter war seit 2005 bei dem Unternehmen angestellt und hatte während einer Mittagspause einen Kollegen vertreten, als Tim K. in die Filiale stürmte. Der Tote hinterlässt seine Frau und ein Kind.[155] Während Tim K. seine Waffe nachladen musste, konnte ein dritter Mitarbeiter und ein weiterer Kunde das Geschäft durch den Hinterausgang unversehrt verlassen.[156] Der Amokschütze verließ daraufhin das Gebäude durch den Haupteingang und entdeckte die dort eingetroffenen Polizeibeamten. Er schoss ohne zu zögern auf die Beamten, worauf ein Polizeibeamter mit acht Schüssen das Feuer erwiderte. Dabei wurde der Täter an beiden Beinen durch jeweils eine Kugel verletzt.[157] Angeschossen begab er sich in das Autohaus zurück und schoss mit 12 Schüssen durch die Schaufensterscheibe auf die eintreffenden Beamten des Polizeireviers Nürtingen.[158] Durch den Hinterausgang versuchte der Amokschütze zu fliehen und schoss auf ein vorbeifahrendes Zivilfahrzeug.[159]
Den polizeilichen Ermittlungen zufolge hat Tim K. weitere Schüsse auf benachbarte Gebäude und Personen abgegeben. Dabei wurde unteranderem eine 37 Jahre alte Polizeibeamtin und ihr 38 Jahre alter Kollege schwer verletzt.[160]
Nach Zeugenaussagen zu urteilen, habe er auf dem Firmenhof sein Magazin mit Patronen befüllt und sich anschließend durch einen Kopfschuss das Leben genommen.[161]

Nach den Untersuchungen wurde festgestellt, dass der 17-jährige an allen Tatorten insgesamt 112 Schüsse abfeuerte.[162] Bei dieser Tat kamen 15 Menschen ums Leben,[163] weitere elf wurden zum Teil schwer verletzt.[164]

---

[153] Siehe Stuttgarter Zeitung - Flucht endet am Notausgang: Neue Details zum Tathergang, unter:
http://www.stuttgarter-zeitung.de/stz/page/1971397_0_9223_-flucht-endet-am-notausgang-neue-details-zum-tathergang.html (2009).
[154] Siehe Polizei Baden-Württemberg -Amoklauf von Winnenden endet im Industriegebiet in Wendlingen: 17-Jähriger tötete sich im Anschluss selbst, unter:
http://www.polizei-bw.de/presse/pm2008/seiten/prim_amok.aspx (2009).
[155] Siehe Fußnote 153.
[156] Ebd.
[157] Siehe Fußnote 154.
[158] Ebd.
[159] Ebd.
[160] Ebd.
[161] Ebd.
[162] Ebd.
[163] Ebd.
[164] Siehe Wikipedia - Die freie Enzyklopädie: Amoklauf in Winnenden, unter:
http://de.wikipedia.org/wiki/Amoklauf_von_Winnenden#cite_note-Polizei_Waiblingen-0 (2009).

4.3.3 Der Täter Tim Kretschmer

Aufgrund der mangelnden Informationsquellen über Tim Kretschmer kann kein vollständiger Lebenslauf rekonstruiert werden. Schon allein das unklare Geburtsdatum des Täters erschwerte die Recherche erheblich.
So wird beispielsweise in Berichten von der *BILD* nur das Todesjahr des Amokschützen angegeben. Auch weitere biographische Hintergründe werden nicht eindeutig berichtet, sondern stehen vereinzelt in Nebensätzen.
Trotz allem ergaben sich nach einer Suche zwei mögliche Daten. Zum einen wird in einem Astrologie Forum davon ausgegangen, dass Tim Kretschmer am 6.November 1991 geboren wurde. Diese Angabe wurde angeblich aus dem englischen Wikipedia, am 14. März 2009, übernommen.[165] Doch fünf Tage später, den 19. März 2009 (23:48 Uhr), wurde im Wikipedia Archiv eine Veränderung vermerkt, die vom User *Robert Weemeyer* vorgenommen wurde. Dabei wurde unter anderem ein neues Geburtsdatum eingeführt, der 26. Juli 1991.

Ein weiteres Indiz dafür, dass möglicherweise dieses Datum das Richtige ist, lieferte ein Eintrag in einem privaten Forum. Ein Mitglied schrieb:[166]

> „Nun ist der Geburtstag von Tim Kretschmer öffentlich. Der Stern druckt in seiner heutigen Ausgabe einen Auszug aus einem Freundschaftsbuch, wo er als 9 jähriger hineingeschrieben hatte:
>
> 26.07.1991 in Waiblingen."

Also liegt es nahe, dass der 26. Juli 1991 tatsächlich das Geburtsdatum des Amokschützen ist.

Tim Kretschmer wuchs bis zu seiner Tat in einem gepflegten und behüteten Einfamilienhaus in Leutenbach auf, das 24 Kilometer nördlich von Stuttgart liegt.[167] Die Eltern galten als sehr wohlhabend. Sein Vater, Diplom-Mathematiker,[168] war zum damaligen Zeitpunkt ein mittelständischer Unternehmer, der über 100 Angestellte hatte.[169]

---

[165] Siehe Stefan Arens (37. Beitrag) (13. März 2009, 22.09Uhr), unter: http://www.astrologix.de/forum/ForumID45/1069.html (2009).
[166] Siehe Eintrag von „Jupiter" (29. Beitrag) (19. März 2009, 17:41 Uhr), unter: http://www2.manfredgregor.de/punbb/viewtopic.php?id=3182&p=2 (2009).
[167] Siehe BILD - Depressionen: Amokschütze Tim Kretschmer (†17) war psychisch krank, unter: http://www.bild.de/BILD/news/2009/03/12/winnenden/tim-kretschmer/wie-wurde-er-zum-amoklaeufer.html (2009).
[168] Ebd.
[169] Siehe BILD - Amoklauf Winnenden: Hatte er es auf Frauen abgesehen?, unter: http://www.bild.de/BILD/news/2009/03/11/winnenden/das-ist-der-amokschuetze/tim-kretschmer.html (2009).

4. Vergleich von drei Amokläufen

In der Erziehung von Tim galt besonders die Mutter als streng, der Vater hingegen verwöhnte seinen Sohn mit materiellen Gütern. So bekam Tim, laut einem Interview im *ZDF* mit dem ehemaligen Fahrschullehrer, noch vor der Fahrerlaubnis ein neues Kraftfahrzeug, ohne sich wirklich dafür interessiert zu haben.[170] Auch als talentierter Tischtennisspieler erhielt er von seinem Vater bei erfolgreichen Turnieren Geldgeschenke.[171] Mitschüler von ihm sagten in der *BILD* aus, dass er mit Geld umsichschmiss, das neuste Handy besaß, und bezeichneten ihn darüber hinaus als einen richtigen Angeber.[172]
In der Schule galt Tim nicht als Überflieger. Zwar wirkte er auf seine Mitmenschen durch seine Haltung und Kleidungsstil wie ein sogenannter Streber, doch dies spiegelte sich in seinen Noten nicht wider.[173] Sein Abschluss war nur durchschnittlich und fand dadurch keine Ausbildungsstelle, sodass sein Vater dafür aufkommen musste und schickte ihn auf ein Privatkolleg.[174] Dort sollte er für eine kaufmännische Ausbildung vorbereitet werden.

---

[170] Siehe ZDF Reportage - Der Amoklauf von Winnenden (Interview mit Fahrlehrer) (2009).
[171] Siehe Stuttgarter Zeitung - Der Täter Tim K. : Ein schüchterner Angeber mit Depressionen, unter:
http://www.stuttgarter-zeitung.de/stz/page/1971368_0_9223_der-taeter-tim-k-ein-schuechterner-angeber-mit-depressionen.html (2009).
[172] Siehe BILD - Depressionen: Amokschütze Tim Kretschmer (†17) war psychisch krank, unter:
http://www.bild.de/BILD/news/2009/03/12/winnenden/tim-kretschmer/wie-wurde-er-zum-amoklaeufer.html (2009).
[173] Siehe ZDF Reportage - Der Amoklauf von Winnenden (Interview mit Besitzerin der Bar *Domino*) (2009).
[174] Siehe BZ Berlin - Polizei fand Killerspiele, Horrorfilme und Pornobilder auf dem Computer von Kretschmer +++ Er war Einzelgänger und hatte keine Freundin:
Der Amok-Schütze (17) war wegen Depressionen in der Nervenklinik. Die Ärzte konnten seine kranke Seele nicht heilen, unter:
http://www.bz-berlin.de/archiv/der-amok-schuetze-17-war-wegen-depressionen-in-der-nervenklinik-die-arzte-konnten-seine-kranke-seele-nicht-heilen-article395103.html (2009).

4. Vergleich von drei Amokläufen

4.3.4 Abschiedsbrief

Kurz nach dem Amoklauf in Winnenden haben Ermittler vergebens nach Hinweisen und hinterlassenen Botschaften von Tim Kretschmer gesucht.[175] Dennoch wird von zahlreichen Medien, berichtet, dass ein Aufschrieb vom Amokschützen existiert, der aber nach knapp einem halben Jahr im Tresor im Zimmer von Tim K. gefunden wurde.[176] Nach einem psychiatrischen Gutachten wurde festgestellt, dass Tim K. unter sadomasochistischen Vorstellungen litt, worüber er mit niemanden gesprochen hat.

InfoBox I

Sadomasochismus:

Als Sadomasochistischen werden Menschen bezeichnet, die Lust oder Befriedigung durch Zufügung oder das Erleben von Schmerz, Macht oder Demütigung bekommen.[177]

Ein weiteres Indiz dafür lieferte die Untersuchung seitens der Polizei. So wurden mehrere Computer aus dem Hause Kretschmer beschlagnahmt und auf mögliche Hinweise untersucht. Es wurden pornographische Bilder auf dem PC des Amokläufers sichergestellt, die sogenannte Bondage-Szenen zeigen. Es handelte sich hierbei um sadomasochistische Fotos, auf denen nackte Männer von Frauen gefesselt und dominiert wurden.[178]
Darüber hinaus ging als weiterer wichtiger Aspekt aus seinem Aufschrieb hervor, dass er schon Monate vor der geplanten Tat den Drang zum Töten spürte, den er auch während seines Aufenthaltes in der psychiatrischen Klinik der Therapeutin mitteilte.

---

[175] Siehe Spiegel - Amoklauf in Winnenden: "Ein ganz normaler Teenager", unter: http://www.spiegel.de/panorama/justiz/0,1518,612803,00.html (2009).
[176] Siehe Focus - Amoklauf von Winnenden: Abschiedsbrief aufgetaucht, unter: http://www.focus.de/panorama/vermischtes/amoklauf-von-winnenden-abschiedsbrief-aufgetaucht_aid_433805.html (2009).
[177] Siehe Wikipedia - die freie Enzyklopädie: Sadomasochismus, unter: http://de.wikipedia.org/wiki/Sadomasochismus (2009).
[178] Siehe Fußnote 176.

4. Vergleich von drei Amokläufen

Schon in diesem Lebensabschnitt hat Tim die Menschheit als „schlecht" empfunden und spielte mit dem Gedanken, alle zu erschießen.[179]
Die Frage, ob dieser Aufschrieb von Tim K. als Abschiedsbrief für seine spätere Tat beabsichtigt war, kann leider nicht beantwortet werden, da dieses Dokument bis heute zurück gehalten wird. Es besteht die Möglichkeit, dass der Amokschütze dies als eine Art Frustbrief an die Eltern schrieb, in der Hoffnung, dass ihn aus seinem Leiden geholfen werde.[180]

4.3.5 Bilanz

Der Fall um Tim Kretschmer hat für großes Aufsehen gesorgt. Nachdem die Polizei der Öffentlichkeit gestanden hat, dass die zuvor für wahrgehaltene Ankündigung im Chatverlauf eine Fälschung war, entstanden weitere offene Fragen. Es haben sich zahlreiche Interessengruppen gebildet, die sich mit dem Winnendenfall befassen und versuchen antworten auf diese Fragen zu finden.. Es wurde spekuliert und mit verschiedenen Mitteln, wie beispielsweise örtlichen Fotoaufnahmen oder vertraulichen Berichten, Verschwörungstheorien aufgestellt, die in sogenannten Blogs, Foren aber auch auf der Videoplattform *Youtube* noch heute eine große Präsenz genießen. Dies ist insofern aus Sicht des Verfassers problematisch, als unwissende Leser ein falsches Bild bekommen können. So wurde beispielsweise in einem Video geäußert, die Darstellung der Polizei entspreche nicht den tatsächlichen Vorkommnissen. Somit werden neben falschen Tatsachenbehauptungen auch Unsicherheiten geschürt.

---

[179] Siehe Focus - Amoklauf von Winnenden: Abschiedsbrief aufgetaucht, unter:
http://www.focus.de/panorama/vermischtes/amoklauf-von-winnenden-abschiedsbrief-aufgetaucht_aid_433805.html (2009).
[180] Siehe BILD - Winnenden: Amokläufer schrieb Frustbrief an Eltern, unter:
http://www.bild.de/BILD/news/2009/03/12/winnenden/brief/motiv-fuer-das-massaker.html (2009).

4. Vergleich von drei Amokläufen

4.4 Gemeinsamkeiten und Unterschiede der drei Amokläufe

Im folgenden Abschnitt werden die Ergebnisse der drei Amokläufe in tabellarischer Form zusammengefasst. Dabei sollen Gemeinsamkeiten und Unterschiede nochmals veranschaulicht werden.

Vergleich der drei Amokläufe in tabellarischer Form

Merkmale	Columbine	Emsdetten	Winnenden
Anzahl der Täter	2	1	1
Zahl der Toten	13	0	15
Alter der Täter	17 u. 18	18	17
Zahl der Verletzten	24	34	11
Dauer des Tatvorgangs	4h 30 min	1h 10 min	3h 30 min
Davor kriminell auffällig	Ja	Ja	Nein
Tatwaffen	Schusswaffen, Sprengsätze	Schusswaffen, Sprengsätze	Schusswaffen
Bekleidung zur Tat	Schwarzer Mantel, Stiefel	Kampfanzug in schwarz	Kampfanzug in schwarz
Vorankündigung	Ja	Ja	Ja
	(Video im Internet)	(Äußerung im Internetforum)	(Unsichere Quellenlage)
Erweiterte Waffenkenntnisse	Ja	Ja	Ja
Schulabschluss	Aktive Schüler (High School)	Realabschluss	Realabschluss
Gesellschaftlicher Status	Außenseiter	Außenseiter	integriert
Familiäre Probleme	Nicht bekannt	Nicht bekannt	Nicht bekannt

Medikamentöse Behandlung	Ja	unbekannt	Ja
Recherche über das Thema „Amok"	unbekannt	Ja	Ja
Hinterlassene Botschaften	Ja	Ja	Ja
	Videobotschaften	Abschiedsbrief	(Unsichere Quellenlage)

Quelle: **Eigene Recherchen im Rahmen der vorliegenden Arbeit**

5. Die Mythen: Urteil oder Vorurteil?

Vor nicht einmal 10 Jahren haben Menschen in Deutschland gedacht, das Phänomen „Amok" sei ein eher amerikanisches Problem, das hierzulande so gut wie keine Bedeutung hat. Es existierte das Klischee, es sei typisch für ein Land wie Amerika, das nur an Leistung orientiert ist und für den Einzelnen kaum soziale Sicherungssysteme bietet, dass es mit solchen Problemen konfrontiert wird. Da in Amerika, anders als in Deutschland, das Besitzen und Tragen von Waffen in den meisten Staaten ohne sonderliche Voraussetzungen gestattet ist, wird es auch kein Wunder sein, dass einige Menschen diese Mittel gegen andere richten, hier indem Fall in Form eines Amoklaufs. Mit dem Blutbad in Erfurt im Jahr 2002 wurde diese Ansicht als Illusion realisiert. Robert Steinhäuser versetzte mit seiner Tat ganz Deutschland in Angst und Schrecken. Seit dem Ereignis in Erfurt wurde der Amok von einer ganz anderen Perspektive betrachtet. Das Vorurteil, es würde nur in Amerika passieren, erwies sich somit als vollkommen falsch.

Zum Thema Amok existieren aber noch weitere Vorurteile und Mythen. Um diese Mythen untersuchen zu können, wird noch einmal eine Rückblende auf das Jahr 1999 vorgenommen. Ein Jahr, das in der Amokgeschichte nicht wegzudenken ist. Es geschah am 20. April 1999 in Columbine, als junge Menschen in die Schule stürmten und wahllos auf Menschen schossen. Obwohl es schon vorher Amokläufe an Schulen gab, wurde nie so viel berichtet wie dem Fall „Columbine".

Geprägt durch die Medienpräsenz und Dokumentationen über die beiden Täter wurde der Amoklauf auch international publik. Zahlreiche Materialen wie Videoaufnahmen und Tagebucheinträge von Eric Harris und Dylan Klebold wurden für die Öffentlichkeit zugänglich gemacht. Darüber hinaus gab der bekannte Regisseur und Kritiker *Michael Moore* mit seinen Film „Bowling in Columbine", worin originale Film- und Berichtmaterialien eingearbeitet wurden, einen weiteren Impuls zur internationalen Verbreitung und Bekanntmachung des tragischen Ereignisses.

So wurde nach Antworten auf die Frage der Ursache für die ungeheuerliche Tat gesucht. Es wurden Prognosen entwickelt, die auf den ersten Blick verständlich und makellos nachvollziehbar sind. Diese wurden ohne weiteres übernommen, um dem Gefühl der Unwissenheit entgegenzuwirken. Im Folgenden werden diese einzelnen Mythen aufgegriffen, um sie dann mit dem heutigen Wissensstand zu widerlegen.

5. Die Mythen: Urteil oder Vorurteil?

5.1 Mythos I

Amokläufer rasten plötzlich aus.

Die Tat eines Amokläufers geht aus einem plötzlichen und unkontrollierten Wutausbruch hervor. Dies ist mit der Vorstellung verbunden, dass in der Etymologie der Begriff „Amok" ursprünglich mit „wütend" oder "in blinder Wut" assoziiert wird.

Mit den heutigen Erkenntnissen lässt sich belegen, dass diese Aussage nicht der Wahrheit entspricht. Bei den Analysen von School Shootings in Deutschland, sei es Emsdetten oder Winnenden, haben alle Fälle ein erkennbares Muster aufgezeigt. Es wurden detaillierte Planungen und Vorbereitungen vor der Tat getroffen, anders als bei der ursprünglichen Form des individuellen Amoks, der nach wie vor als Impulstat gilt. Dies zeigt somit, dass das Phänomen „School Shooting" nicht aus spontan passiert, sondern vielmehr aus einer kalkulierten und kühlen Vorgehensweise. Berichte wie von Winnenden und Zeugenaussagen untermauern diese Aussage. Tim K. wurde als sehr ruhig und kalt beschrieben, während er seine Tat umsetzte. Täter wie er sind in der Regel ruhig und konzentriert, man könnte hier von einem tranceähnlichen Zustand sprechen.

Einen weiteren Beleg für diese Behauptung liefert die Aufnahme der Täter von Columbine durch eine Überwachungskamera.[181]

Eric Harris und Dylan Klebold wirken trotz ihres vollzogenen Massenmords sehr ruhig und kühl. Dies lässt sich an der Gehhaltung der beiden jungen Menschen beobachten. Selbst der Gedanke an ihren eigenen Tod konnte sie nicht aus der Fassung bringen und sie führten ihre geplante Tat bis zum Ende aus.

In diesem Zusammenhang führt die amerikanische Psychologie zwei Begriffe ein, „Cold Anger" und „Hot Anger", die die unterschiedlichen Wutzustände voneinander trennen soll. „Hot Anger" beschreibt die plötzlich auftretende Wut. Bei akuter Belastung sind Menschen reizbarer und ihre innerliche Wut lässt sich nicht kontrollieren. Schon ein falsches Wort reicht meistens aus, dass sich die betroffene Person bedrängt fühlt. Dies führt dazu, dass eine gewalttätige Form des Verhaltens als Gegenwehr unkontrolliert eingesetzt wird, um aus dieser "Einengung" zu entkommen. Es ist somit eine Verhaltensweise, die aus dem Affekt heraus entstammt.

Bei Bedrohungen werden die vorrangigen Aufgaben des Körpers aktiviert, um gegebenenfalls schnell reagieren zu können. Dies erfolgt dadurch, dass Instinkte das situative Handeln beeinflussen und das Denkvermögen einschränken. Diese kurzzeitige Gewaltbereitschaft sinkt sehr schnell wieder ab.

Anders beim „Cold Anger". Dieser ist durch Strukturiertheit im Denken und Vorgehensweise geprägt. Wie der Verfasser schon im vorherigen Abschnitt ausgeführt hat, ist auch ein Amokschütze von dieser Empfindung geprägt.

---

[181] Siehe Youtube - Columbine shooting cafeteria footage Harris Klebold, unter: http://www.youtube.com/watch?v=UJ13CZ4Hekg (2006).

5.2 Mythos II

Ein Amoklauf ist nicht vorhersehbar.

Der nächste vorgestellte Mythos knüpft an dem vorherigen an. Er lautet:
Aufgrund der Spontanität eines Amoklaufes seien Gegenmaßnahmen nahezu unmöglich.

Diese Einstellung erweist nach dem heutigen Wissenstand über School Shootings als fatal. Da Warnsignale von potenziellen Tätern vor einer Tat oftmals existieren, aufgrund der vorhandenen Vorbereitungsphase, könnte hier ein Potential zum Eingreifen bestehen. Natürlich gibt es kein Konzept, generell Amokläufe an Schulen verhindern zu können, vielmehr spricht man hier von Indikatoren und Risikofaktoren, die bei Kenntnis derselben die Wahrscheinlichkeit, solche Fälle zu verhindern, steigern.

Gerade zum Vorfall von Winnenden existieren eine Vielzahl von Veröffentlichungen. Eine überwiegende Anzahl von Wissenschaftlern, die sich auf dieses Themenfeld spezialisiert haben, fordern zu einem kooperativeren Handeln, besonders seitens der Schulen, auf.

5.3 Mythos III

Es passiert andern aber nicht mir.

Ein weiterer Mythos ist, dass Menschen, deren Lebensumfeld bisher nicht von der Problematik eines Amoklaufs betroffen war, denken, es würde nur woanders passieren, aber nicht bei ihnen. Es ist ein normales psychisches Schutzverhalten eines Menschen. Würde ein Mensch sich von jedem Unglück dieser Welt betroffen fühlen, so wäre die Belastung kaum ertragbar.

Dieser Mythos hat sich als ein falsch herausgestellt, nachdem Robert Steinhäuser am 26. April 2002 17 Menschen am Gutenberg-Gymnasium in Erfurt tötete. Die generelle Vorstellung war, dass solch eine grausame Tat in Deutschland nicht vorkommen kann. Amokläufe an Schulen wäre ein kulturspezifisch auftretendes Phänomen, das in den Vereinigten Staaten ihre Wurzeln hatte. Nachdem sich diese Annahme als falsch erwies, hatte auch in Deutschland die Wissenschaft ihr Interesse an diese Thematik gefunden.

5. Die Mythen: Urteil oder Vorurteil?

5.4 Mythos IV

Es gibt ein Täterprofil.

Der letzte Mythos besagt, dass es ein sogenanntes Täterprofil gibt. Aufgrund mancher sich überschneidenden Merkmale der Amokschützen neigen Berichterstattungen, aber auch wir Leser dazu, die Täter einem gewissen Profil zuzuordnen.

Dies ist wohl der aktuelle Mythos, der unter Wissenschaftlern unterschiedlich gesehen wird und auch immer wieder von den Medien neu entfacht wird.

Nach der Suche von Faktoren, warum der Täter zu einer solchen Tat fähig war, werden unter anderem gewaltverherrlichenden Videospiele als einer der Gründe genannt.
Dies ist insofern problematisch, da eine solche Vorgehensweise dazu führen kann, den Täter in ein genaues Persönlichkeitsprofil einzuordnen. Das wiederum kann dazu führen, dass junge Menschen, die zufälligerweise in so ein gewisses Raster passen, mit Misstrauen und Angst als potenzielle Amokläufer angesehen werden.

Im einen Gespräch mit einer Sozialwissenschaftlerin ging sie genau auf diese Problematik ein und erzählte, dass vor einigen Jahren, als das Phänomen Amok in den Mittelpunkt rückte, introvertierte Menschen mit kritischen Blicken angesehen wurde.

Auch aktuellere Berichterstattungen betonen immer wieder Eigenschaften eines Täters, nämlich sei er:

- Waffenfanatiker
- Außenseiter
- Konsumiert intensiv Killerspiele

Waffen:

In den meisten Fällen der Amokläufe wurden Schusswaffen als Tatwaffe genutzt. Dementsprechend hatten die Amokschützen Zugang zu solchen Waffen, sei es aus dem privaten Gebrauch oder via Internet.
Aufgrund des großen öffentlichen Interesses ergreifen Politiker rasche Maßnahmen, die das geltende Recht betreffen. So wurde beispielsweise das Waffengesetz nach dem Amoklauf in Erfurt verschärft, obwohl Deutschland schon damals einer der strengsten Vorschriften für Waffen im privaten Gebrauch hatte.[182]

---

[182] Siehe Sicherheit - Aufbewahrung von Schusswaffen: Noch alle im Schrank?, unter: http://www.sicherheit.info/si/cms.nsf/si.ArticlesByDocID/1103038?Open (2009).

5. Die Mythen: Urteil oder Vorurteil?

Außenseiter:

Es wird oftmals behauptet, dass Amokläufer Außenseiter seien, die zurückgezogen in ihrer eigenen gewaltverherrlichenden Fantasiewelt leben. Dies stimmt nur bedingt. Die Täter, die in dieser Arbeit analysiert wurden, hatten soziale Kontakte und kamen aus einer intakten Familie. Tim Kretschmer beispielsweise war in seinem Freundeskreis integriert und hatte auch immer versucht, seine Kontakte zu pflegen.

Killerspiele:

Ein Aspekt, der heute noch hitzig diskutiert wird, ist der negative Einfluss sogenannter Killerspiele. Es wird behauptet, dass der Konsum von Spielen mit gewalttätigen Elementen wie *Counter Strike* oder *Doom* Aggressionsbereitschaft hervorrufen kann und somit das Potenzial für Amokläufe erst initiiert. Diese Behauptung kam zustande, da die meisten Amokschützen sich mit solchen Videospielen vor ihre Tat intensiv beschäftigt haben.

All diese obengenannten Faktoren sind äußerliche Elemente, auf denen sich nach Meinung des Verfassers zu sehr fokussiert wird.
Nach jedem Amoklauf werden Punkte wie das Verbot von „Killerspiele" in der politischen Debatte aufgeführt. Der Verfasser ist der Ansicht, dass es dabei eher um Aktionismus geht, um der Öffentlichkeit schnelle politische Lösungen zu präsentieren. Die politische Debatte suggeriert mehrheitlich die Forderung nach einem Killerspielverbot, dabei gibt es auch Politiker, die sich eindeutig dagegen äußern.[183]

InfoBox I

Aktionismus:

Der Vorwurf Aktionismus unterstellt betriebsames, unreflektiertes oder zielloses Handeln ohne Konzept, um den Anschein von Untätigkeit oder Überforderung zu vermeiden oder zu vertuschen. Aktionismus kann auch bedeuten, dass viele Projekte diskutiert oder begonnen, aber nicht zu Ende geführt werden.[184]

---

[183] Siehe MyVideo - N-TV Killerspiele, unter:
http://www.myvideo.de/watch/761753/N_TV_Killerspiele (2007).
[184] Siehe Wikipedia - die freie Enzyklopädie: Aktionismus, unter:
http://de.wikipedia.org/wiki/Aktionismus (2009).

5.5 „Medienmanipulation"

Meldungen tragischer Geschehnisse aus allen verschiedenen Länderteilen erreichen uns heutzutage auf den unterschiedlichsten Wegen. Sei es das Internet oder die traditionelle Zeitung, eines haben beide gemeinsam:

Sie müssen Informationen auf dem kürzesten Weg den Menschen zu vermitteln.

Aufgrund der Masse an Neuigkeiten werden diese vom Konsumenten nicht durchgehend verarbeitet, ganz zu schweigen auf die Richtigkeit geprüft. Vielmehr ist es ein blindes Vertrauen des Lesers in den Herausgeber, was dazu führen kann, dass sogenannte "Mythen und Vorurteile" entstehen. Das Übermaß an Vertrauen in das geschriebene Wort versperrt nicht allzu selten den Blick auf die Wirklichkeit.

Mehrdimensionalität der Probleme in der medialen Aufbereitung:

Das Berufsprofil eines heutigen Journalisten ist von starkem Konkurrenzdruck geprägt. Oftmals sind es freischaffende Journalisten, die darauf angewiesen sind, am schnellsten an die aktuellsten Informationen der Geschehnisse ran zukommen.
Auch von der Gesellschaft wird erwartet, dass sie schnellstmöglich von den aktuellen Themen informiert werden. Aufgrund des Zeitdrucks werden sogenannte Sensationsmeldungen in der Medienwelt verbreitet, die die Ereignisse knapp und mit den wichtigsten vorhandenen Daten wiedergeben. Es kommt zu einer akut auftretenden Interessentenschaft, die aber bei der Veröffentlichung von Hintergrundberichten bereits abnimmt, da diese eine längere Aufbereitungszeit benötigen. Des Weiteren kommen Sachverhalte, die durch mehrere Personen weiter geleitet werden, oftmals inhaltlich verfälscht oder unvollständig beim Adressaten an.

Um ein Ereignis trotz der Informationsflut auf ihre Richtigkeit zu überprüfen, stehen diverse Möglichkeiten dem Interessenten zur Verfügung. Radio, TV und vor allem das Internet können dafür genutzt werden, sich auch die Hintergrundinformationen anzueignen.

6. Empirischer Abschnitt (Teil I)

6.1 Interview mit Dorothee Dienstbühl* / Berlin

* Dorothee Dienstbühl ist Sozialwissenschaftlerin und promoviert an der HU Berlin. Über Amok und Selbstmordattentate hat sie bereits mehrfach Vorträge in verschiedenen Institutionen und auch Schulen gehalten.

Amokläufe ziehen stets Fragen nach gesellschaftlicher Verschuldung an der Tat nach sich. Gibt es tatsächlich Schuldige oder gibt es bei solchen Taten nur Opfer?

D. Dienstbühl: Der Fall von Bastian aus Emsdetten zeigt, dass er im Laufe seiner Biographie selbst Opfer von Mitschülern geworden ist. Das rechtfertigt seine Tat freilich in keinster Weise. Nach Amokläufen offenbaren sich meist mehr Tätereigenschaften und Lebensumstände, die man laut Medien hätte als Risikofaktoren erkennen können oder müssen. Und dann wird schon fast verzweifelt nach weiteren Schuldigen gesucht, da der Täter sich durch seinen Suizid der weltlichen Gerichtsbarkeit entzogen hat. Die Frage nach der Schuld von Gesellschaft, Familie und Schulen halte ich jedoch nicht für zielführend, da sie die intrinsische Motivation des Täters zum Amok vernachlässigen.

Warum ist das öffentliche Interesse an solchen Taten so intensiv und dabei so kurz?

D. Dienstbühl: Berichte von Amoktaten sind Katastrophenberichte, die heute binnen kürzester Zeit live übertragen werden. Da es sich um sehr seltene Phänomene handelt, werden sie mit entsprechendem Entsetzen der Öffentlichkeit verfolgt. Die Medien befinden sich zudem in einem permanenten Wettbewerb um Aufmerksamkeit. Sie benötigen ständig neue Entwicklungen, um das Interesse der Öffentlichkeit zu halten. Die Berichterstattungen um den Verlauf der Tat sind naturgemäß irgendwann erschöpft. Dann folgen Berichte über den Täter, die eben bereits angesprochene Schuldfrage und politische Statements. Auch hier erschöpfen sich die Berichte naturgemäß und wiederholen sich, ebenso die politischen Forderungen. Entsprechend sinkt die öffentliche Aufmerksamkeit wieder ab. Wissenschaftlich bleiben die Fälle jedoch spannend und werden noch Jahre später auch im Vergleich zueinander analysiert.

Gibt es einen Zusammenhang zwischen der starken Medienpräsenz und der Anzahl von Amoktaten / bzw. versuchten Amoktaten?

D. Dienstbühl: In Bezug auf sog. Trittbrettfahrer gibt es den sicher. Untersuchungen in den USA haben ja bereits gezeigt, dass die Amokläufer der letzten Jahre Vorbilder in vorherigen Amoktätern hatten und diese noch an Anzahl der Opfer und verursachtem Schaden übertreffen wollten. Je mehr Medienpräsenz ein Amoklauf erhält, desto attraktiver ist er für potentielle Nachahmungstäter, die aufgrund ihrer narzisstischen Veranlagung mit ihrer Tat Popularität erlangen möchten.

Politisch werden nach Amokläufen stets Forderungen nach Maßnahmen laut (nach Erfurt und Winnenden wurde beispielsweise das Waffenrecht jeweils verschärft). Wie stehen Sie zu diesen Vorschlägen:

1. Verschärfung des Waffenrechts?

D. Dienstbühl: Die bereits getroffenen und die immer wieder diskutierten Verschärfungen des Waffengesetzes sind unterschiedlich zu beurteilen. Nach dem Amoklauf von Erfurt 2002 wurden beispielsweise Sicherheitsstandards zur Aufbewahrung von Waffen gesetzlich verankert, was insgesamt sicher sinnvoll ist, aber nicht ausschließlich auf den Amoklauf zurückzuführen war. Nach Winnenden wurde von der Arbeitsgruppe der Innenminister von Bund und Ländern eine Amnestie für Waffenbesitzer auf den Weg gebracht, die ihre nicht registrierten Waffen abgeben. Auch dies ist sicher insgesamt hilfreich, aber nur bedingt wirksam. Wenn eine Person Amok laufen möchte, kann sie dies auch mit einem Küchenmesser, selbstgebastelten Sprengkörpern oder notfalls einem Auto tun. Politische Forderungen wie etwa nach einer Abwrackprämie für Waffen halte ich hingegen für puren Aktionismus.

2. Verbot von Killerspielen?

D. Dienstbühl: Die Art, wie diese Debatte geführt wird, ist unerträglich. Es ist sicher kein Zufall, dass Amokläufer gerne Videospiele gespielt haben, in denen sie nach Herzenslust kreuz und quer schießen konnten. Aber ein Killerspielverbot wird keinen potentiellen Amoktäter bekehren. Das Problem ist, dass die öffentliche Diskussion schlichtweg polemisch und unsachlich geführt wird. Oftmals fehlen sogar die Kenntnisse über solche Spiele bei den Wissenschaftlern und Politikern, die sich dazu äußern. Damit wird jeder sachlichen Auseinandersetzung der Boden entzogen. Vergessen anzumerken wird oft, dass alle Spiele der USK (Unterhaltungssoftware Selbstkontrolle) unterliegen, die schon kräftig aussortiert und ihre Arbeit auch sehr ernst nimmt.

3. Verschärfung des Jugendstrafrechts?

D. Dienstbühl: Zwar sind Amokläufer in mehreren Fällen vor ihrer Tat strafrechtlich auffällig geworden, jedoch nicht so erheblich, dass sie hätten „eingesperrt" werden müssen. Das hätte auch das Erwachsenenstrafrecht nicht hergegeben. Die Strafe nach der Tat erübrigt sich in Fällen wie Winnenden ohnehin für den Täter. Folglich sehe ich hier kaum Möglichkeiten, mit Hilfe von Gesetzverschärfungen des JGG gegen Amoktaten vorgehen zu können oder präventiv zu wirken.

6. Empirischer Abschnitt (Teil I)

6.2 Interview mit Dr. Uwe Füllgrabe* / Hann. Münden

* *Dr. Uwe Füllgrabe ist Psychologieoberrat a.D. und Verfasser zahlreicher Bücher und Aufsätze zu Themen wie Kriminalpsychologie, Eigensicherung, Gefahrenwahrnehmung und auch Amoktaten.*

Die historische Form des Amoks scheint eher von Erwachsenen ausgeübt worden zu sein. Wie kommt es dazu, dass heute besonders Jugendliche eine solche Tat begehen?

Dr. Füllgrabe: Bei relativ vielen Jugendlichen findet man häufiger als früher eine narzisstische Einstellung. Narzisstische Personen sehen alles aus der Perspektive des eigenen ICH. Positive Dinge werden als selbstverständlich hingenommen. Negative Ereignisse werden leicht und schnell als persönliche Kränkungen betrachtet.

Gibt es in der Kriminalpsychologie ein typisches Täterprofil eines sog. „School-Shooters"?

Dr. Füllgrabe: Dieser Frage hat sich das FBI gewidmet und die Täterprofile von sechs School-Shootings untersucht. Die Analyse ergab Übereinstimmungen, so dass sich im Groben ein Täterprofil abzeichnete, das folgende Inhalte aufwies:

- Die Täter hatten narzisstische Standpunkte und ein niederschmetterndes Ereignis erlebt, das zu Depressionen und den Gedanken an Suizid führte.

- Ihnen fehlte familiäre Unterstützung oder nahmen dies so wahr. Zwei der Täter töteten einen Elternteil oder beide Eltern.

- Sie fühlten sich von anderen zurückgewiesen und suchten Rache oder Vergeltung.

- Sie nahmen Feuerwaffen, die im Allgemeinen im Besitz eines Familienmitglieds waren oder jemanden, den sie kannten.

- Sie waren durch satanische Kulte oder kultähnliche Denkweisen oder philosophische Werke beeinflusst.

- Sie hörten Lieder, die Gewalt förderten.

6. Empirischer Abschnitt (Teil I)

- Sie schienen Einzelgänger zu sein; Durchschnittliche Schüler und schlampig und ungepflegt in ihrer Kleidung.

- Sie schienen von anderen isoliert zu sein, suchten eine traurige Berühmtheit, indem sie andere (Amok-) Schießereien in anderen Schulen nachahmten, aber wollten es besser machen als die letzten Schützen.

- Sie fühlten sich machtlos und zu diesem Zweck könnten sie gewalttätige Handlungen begangen haben, um Macht über andere auszuüben.

- Sie drückten vor der Tat bereits offen den Wunsch aus, andere zu ermorden.

Das Phänomen kennen wir vor allem aus den USA. Sind amerikanische und deutsche Amokläufe in Schulen vergleichbar?

Dr. Füllgrabe: Ja, die narzisstische Grundtendenz ist länderübergreifend vergleichbar, und viele der anderen zuvor genannten Aspekte sind es auch.

Wie ist das Phänomen der „Trittbrettfahrer" nach einer Amoktat zu erklären?

Dr. Füllgrabe: Dies ist ein allgemeines Phänomen des Beobachtungslernens, also der Imitation. Das ist ein auch in der Geschichte bekanntes Phänomen: Früher stieg nach Berichten über Hinrichtungen in der Presse kurz darauf auch die Mordrate.

Einige Psychologen vertreten die Meinung, dass das Spielen von den sogenannten "Killerspielen" zu einem höheren Gewaltfaktor anreizt, das bis zum Mord übergehen kann. Wie stehen Sie zu dieser Haltung? Wie viel können Computerspiele zu solch einer Tat beitragen?

Dr. Füllgrabe: Dies ist *einer* der Auslösefaktoren von Amok: wenn Hemmfaktoren (Einfühlung, Angst vor Strafe usw.) vorliegen, werden die durch Computerspiele erzeugten Kognitionen nicht in Amok oder andere Formen exzessiver Gewalt umgesetzt.

Können Präventionsinitiativen in Schulen tatsächlich Amokläufe verhindern? In welchen Maßnahmen kann Prävention überhaupt wirken?

Dr. Füllgrabe: Ja, Prävention kann funktionieren. Grundsätzlich ist wichtig, die Hemmungen gegen das Äußern von Gewalt zu erhöhen: Erhöhung der Einfühlung in potenzielle Opfer, Einsicht in die Notwendigkeit von Gewaltfreiheit, Verstärkung der Selbstkontrolle und der Ärgerkontrolle. Spezifisch für Schulen nennen die Wissenschaftler *Band* und *Harpold* folgende Maßnahmen:

6. Empirischer Abschnitt (Teil I)

- Die Schule sollte eine Nulltoleranz – Politik gegenüber Schülern entwickeln, die Drohungen aussprechen. Eine derartige Politik könnte schnelle psychologische Diagnostik oder Maßnahmen für diese Schüler beinhalten, im Extremfall auch Ausschluss.

- Man sollte auf Schüler achten, die bestimmte Auffälligkeiten zeigen. Zunächst gibt es allgemeine Faktoren der Gewaltförderung, die bei vielen Gewaltdelikten zu finden sind (bereits eigene gewalttätige Handlungen in der Vorgeschichte oder von Familienmitgliedern, sowie Alkohol- und Drogenmissbrauch). Dies gehen einher mit dem Fehlen gewalthemmender Faktoren (z.B. Fehlen von Fähigkeiten zur Bewältigung von Problemen oder Strategien, um persönliche Lebenskrisen zu bewältigen). Bezüglich Amok sind folgende Faktoren relevant: die psychologische Situation des Schülers (z.B. kürzlich zurückliegender Selbstmordversuch, gewalttätige Handlungen, Niederschmetterndes Ereignis) und situative Faktoren, die die Ausführung einer Gewalttat erleichtern (z.B. Verfügbarkeit von Waffen).

- *Band* und *Harpold* sehen eine Möglichkeit, potenzielle Amokschützen darin zu erkennen, Schüler über ihr Leben und ihr Denken schreiben zu lassen. Dadurch könne man ein „Fenster in ihre Gedanken" bekommen. Sie weisen darauf hin, dass einer der Täter von Nietzsche beeinflusst war. Ein anderer Amokschütze war von einem Sänger inspiriert, der ein Lied auf der Grundlage eines Buches von Nietzsche verfasst hatte. Dies liefert keinen direkten Hinweis auf einen Amokschützen, könnte aber ein Hinweis sein, sich mit diesem Schüler näher zu beschäftigen. Ähnlich hatte *Megargee* schon 1972 darauf hingewiesen, dass sich manche spätere Gewalt vorher bereits im Denken und der Fantasie geäußert hatte.
Ein elfjähriger Junge, der seinen Bruder erstach, zeichnete Bildgeschichten für seine Schülerzeitschrift. In einer seiner Bildgeschichten gab es einen Helden, der Fechtstunden nahm und seinen Lehrer erschoss. Ein Junge, der seine Eltern aus dem Hinterhalt erschoss, hatte einige Monate vorher daran gedacht, eine Novelle zu schreiben über einen Jungen, der solchen Abscheu vor seinen Eltern entwickelte, dass er sie tötete. Ein Mörder hatte vor der Tat den Ablauf der Tat in seinem Tagebuch festgehalten. Dies wurde von einem deutschen Gericht als Beweismittel zugelassen

- In allen amerikanischen Schulen, in denen Amokschützen auftraten, gab es keine Informationskette für Hinweise und Warnungen oder einen Kasten für derartige anonyme Hinweise. Die Schulbehörde muss sicherstellen, dass entsprechende Informationen an die Polizei gelangen.

- Vertrauenspolizisten, die für eine Schule zuständig sind, könnten schnell positive Informationen geben, Gerüchte ausräumen und potenzielle oder geplante Gewaltakte in Erfahrung bringen.

7. Empirischer Abschnitt (Teil II)

7.1 Methodische Vorgehensweisen

Um ein flächendeckendes Ergebnis zu erhalten, wurde eine Umfrage im gesamten Schulzentrum West (Gymnasium, Haupt- und Realschule) in Schwäbisch Hall durchgeführt. Insgesamt wurden 643 Schüler/innen und 28 Lehrer befragt. Allen Befragten wurden dieselben Fragebögen (Muster siehe Anhang) ausgeteilt. Lediglich unterscheiden diese sich an den Formulierungen, die jeweils den Stufen angepasst wurden. Tiefgängige Fragen zur Politik, Frage 6, wurden den jüngeren Schülern vorenthalten, da der Verfasser nur auf der emotionalen Ebene mit ihnen kommunizieren wollte. Die dritte Frage ist nur in Fragebögen der Lehrer zu finden, da die Lehrangestellten darüber einen weiteren Überblick haben.

Diese Bögen wurden zur Auswertung in drei Kategorien aufgeteilt:

- Schüler der 5.-9. Klasse
- Schüler der 10.-13. Klasse
- Lehrpersonal

Sollte die Umfrage erfolgreich abgelaufen sein, beträgt die Erhebungsgröße etwa bei 3000 Befragten. Zunächst wollte der Verfasser Merkmale aufspüren, die in der jeweiligen Altersstufe womöglich zu finden sind. Es wird bei der ersten Analyse nicht berücksichtigt, welche Schule die jeweiligen Schüler besuchen. Sondern werden pauschal in folgende Gruppen eingeteilt:

- Unterstufe: 7. Klasse
- Mittelstufe: 8-10. Klasse
- Oberstufe: 11.-13. Klasse

Es wird im nächsten Schritt die Ergebnisse der einzelnen Stufen miteinander verglichen, um Gemeinsamkeiten und Unterschiede heraus zu filtern. Darüber hinaus werden mögliche Ursachen für diese Bilanz erläutert.

Die zweite Analyse weist die Ergebnisse der einzelnen Schulen getrennt aus. Hierbei werden die Schüler erneut in die oben genannten Stufen der jeweiligen Schulen (Hauptschule, Realschule und Gymnasium) eingeteilt. Somit ist es möglich, einen direkten Vergleich zwischen den einzelnen Stufen und Schulen durch zu führen.

7.2 Anmerkung zur Durchführung

Aufgrund ethischer Bedenken der Schulleitung der Hauptschule zu diesem Themenkomplex konnte die Umfrage nicht vollständig vollzogen werden. Deswegen ist hier die Anzahl der Befragten weitaus geringer als bei den beiden anderen Schulen und resultiert aus interessierten Schülern, die von sich aus an der Befragung teilnehmen wollten. Da das Interesse der Hauptschüler durchaus vorhanden war, bedauert der Verfasser die Situation, jedoch wäre eine Befragung von mehr als den freiwilligen Schülern, die auf den Verfasser zukamen, nicht zulässig gewesen. Daher ist der Aussagegehalt der Ergebnisse in der Hauptschule nicht repräsentativ für die Ansicht der Schüler.
Darüber hinaus wolle der Verfasser die Umfrage an einem Gymnasium in Fulda durchführen, da die Vermutung besteht, dass es zu unterschiedlichen Ergebnissen aufgrund der geographischen Lage führen könne. Dies konnte leider nicht umgesetzt werden, da die nötigen Mittel nicht zur Verfügung standen.

7.3 Musterbögen

Im Folgenden werden die drei unterschiedlichen Bögen aufgezeigt.

Geschlecht:
Klassenstufe:
Alter:

Umfragebogen

Dies ist eine Umfrage im Rahmen meiner Seminararbeit zum Thema „Amok". Bitte nimm Dir einige Minuten Zeit, den Bogen auszufüllen. Alle Daten werden selbstverständlich anonym genutzt.

Fühlst Du dich an deiner Schule sicher?

☐ Ja ☐ Nein

Fühlst Du dich von Mitschülern oder Lehrern ungerecht behandelt (Mobbing, schlechte Noten etc. - Bei „Ja" bitte Konfliktpunkte auflisten)?

☐ Ja ☐ Nein

....
....
....
....

Gibt es Anlaufstellen bei Problemen an deiner Schule (Vertrauenslehrer etc.)?

☐ Ja ☐ Nein

Werden diese bei Problemfällen genutzt? (Bei „Nein" bitte Grund angeben)

☐ Ja ☐ Nein

....
....
....
....

Hat sich bei Dir persönlich nach einem Amoklauf wie zu Beispiel Winnenden was verändert? Wenn „Ja", was genau?

☐ Ja ☐ Nein

....
....
....
....

Wurden Diskussionen über „Amok" mit Lehrern und Mitschülern geführt? Wenn „Ja", welche Aspekte wurden angesprochen?

☐ Ja ☐ Nein

....
....

Würdest du Dich sicherer fühlen wenn an Schulen Sprechanlagen und Türsicherungen montiert werden? (Bitte mit Begründung)

☐ Ja ☐ Nein

....
....
....
....

Welche weiteren Lösungsansätze fallen Dir persönlich noch ein?

....
....
....
....

Sonstige Anregungen:

....
....
....
....
....
....
....
....

Vielen Dank für deine Mitarbeit.

David Dang

Geschlecht:
Klassenstufe:
Alter:

Umfragebogen

Dies ist eine Umfrage im Rahmen meiner Seminararbeit zum Thema „Amok".
Bitte nimm Dir einige Minuten Zeit, den Bogen auszufüllen. Alle Daten werden selbstverständlich anonym genutzt.

Fühlst Du dich an deiner Schule sicher?

☐ Ja   ☐ Nein

Bist Du der Meinung, dass sich nach einem Amoklauf, z.B. in Winnenden, etwas verändert hat? Wenn „Ja", was genau?

☐ Ja   ☐ Nein

....
....
....
....

Fühlst Du dich von Mitschülern oder Lehrern ungerecht behandelt (Mobbing, schlechte Noten etc. - Bei „Ja" bitte Konfliktpunkte auflisten)?

☐ Ja   ☐ Nein

....
....
....
....

Gibt es Anlaufstellen bei Problemen an deiner Schule (Vertrauenslehrer etc.)?

☐ Ja   ☐ Nein

Werden diese bei Problemfällen genutzt? (Bei „Nein" bitte Grund angeben)

☐ Ja   ☐ Nein

....
....
....
....

Welche politische Reaktion/en nach einem Amoklauf empfindest Du als sinnvoll? (Mehrfachwahl möglich)

- ☐ Waffengesetze verschärfen
- ☐ Zugang zu „gewalttätigen" Computerspielen stärker einschränken
- ☐ Prävention- und Beratungsprogramme an Schulen fördern
- ☐ Keine Veränderung, da sich solche Fälle nicht wirkungsvoll verhindern lassen

Ist es angebracht, Schulen mit Sprechanlagen und Türsicherungen auszustatten, um somit die Sicherheit vor Amokläufen zu gewährleisten?

☐ Ja   ☐ Nein

Welche weiteren Lösungsansätze fallen Dir persönlich noch ein?

....
....
....
....

Sonstige Anregungen:

....
....
....
....
....
....
....
....

Vielen Dank für deine Mitarbeit.

David Dang

Umfragebogen

Dies ist eine Umfrage im Rahmen meiner Seminararbeit zum Thema „Amok".
Bitte nehmen Sie sich einige Minuten Zeit, den Bogen auszufüllen. Alle Daten werden selbstverständlich anonym genutzt.

Fühlen Sie sich an Ihrer Schule sicher?

☐ Ja ☐ Nein

Sind Sie der Meinung, dass sich nach einem Amoklauf, z.B. in Winnenden, etwas verändert hat? Wenn „Ja", was genau?

☐ Ja ☐ Nein
....
....
....
....

Können Sie an Ihrer Schule aggressives Verhalten zwischen Schülern (Mobbing etc.) beobachten? Wenn „Ja" in welchen Klassenstufen tritt es gehäuft auf?

☐ Ja ☐ Nein
....
....
....
....

Gibt es Anlaufstellen bei Problemen an Ihrer Schule (Vertrauenslehrer etc.)?

☐ Ja ☐ Nein

Werden diese bei Problemfällen genutzt? (Bei „Nein" bitte Grund angeben)

☐ Ja ☐ Nein
....
....
....
....

Welche politische Reaktion halten Sie für sinnvoll? (Mehrfachwahl möglich)

- ☐ Waffengesetze verschärfen
- ☐ Zugang zu „gewalttätigen" Computerspielen stärker einschränken
- ☐ Prävention- und Beratungsprogramme an Schulen fördern
- ☐ Keine Veränderung, da sich solche Fälle nicht wirkungsvoll verhindern lassen

Ist es angebracht, Schulen mit Sprechanlagen und Türsicherungen auszustatten, um somit die Sicherheit vor Amokläufen zu gewährleisten?

☐ Ja ☐ Nein

Welche weiteren Lösungsansätze fallen Ihnen persönlich noch ein?

....
....
....
....

Sonstige Anregungen:

....
....
....
....
....
....
....
....

Vielen Dank für Ihre Mitarbeit.

David Dang

7.3 Auswertungen

Nach dem Zusammentragen der Ergebnisse bei den Umfragen, wurden folgende Diagramme erstellt. Auf genauere Auffälligkeiten wird jedoch erst während der mündlichen Prüfung näher darauf eingegangen. Um schon in der schriftlichen Fassung einige Ergebnisse präsentieren zu können, wurden markante Aussagen entsprechend nach Alter und Geschlecht sortiert.

7. Auswertungen der Umfragen - Hauptschule

7.4.1 Hauptschule (10-15 Jahre)

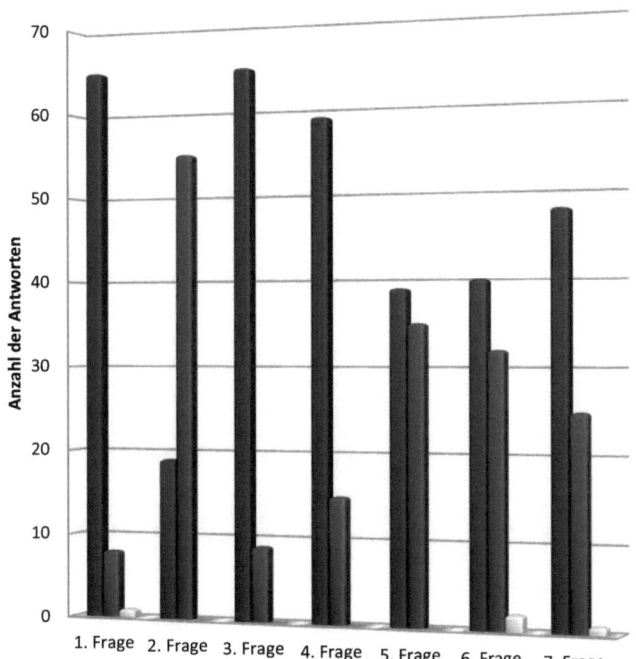

	1. Frage	2. Frage	3. Frage	4. Frage	5. Frage	6. Frage	7. Frage
■ Ja	65	19	65	59	39	40	48
■ Nein	8	55	9	15	35	32	25
■ Unangekreuzt o. unentschlossen	1	0	0	0	0	2	1

Besonders bei Frage 5 und 6 liegen die Meinungen der Schüler/innen nah beieinander. So hat sich beispielsweise nach dem Amoklauf von Winnenden bei der knappen Mehrheit eine Veränderung stattgefunden. Sowohl Ängste als auch Unsicherheit tauchen in beide Geschlechter auf.
Frage 6 zeigt an dieser Stelle, dass in nicht allen Klassen das Thema „Amok" aufgegriffen wurde.

7. Auswertungen der Umfragen - Realschule

7.4.2 Realschule (12-14 Jahre)

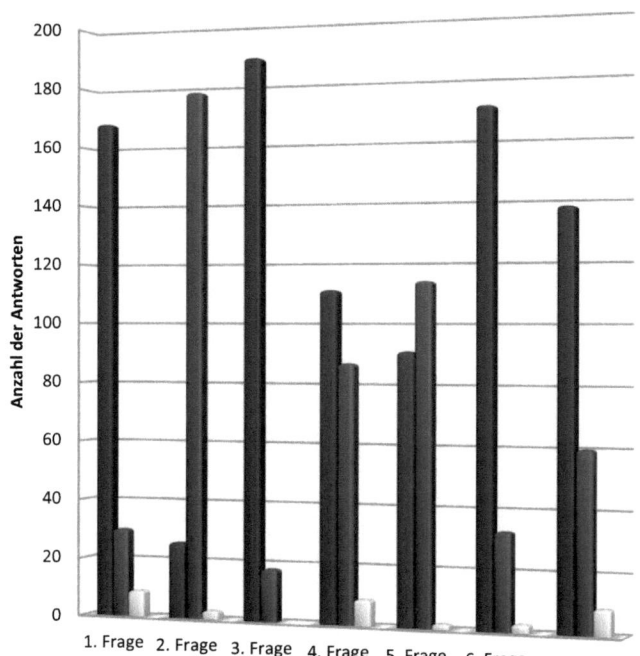

	1. Frage	2. Frage	3. Frage	4. Frage	5. Frage	6. Frage	7. Frage
■ Ja	168	26	189	111	91	171	138
■ Nein	30	178	18	87	114	33	60
⊔ Unangekreuzt o. unentschlossen	9	3		9	2	3	9

Anders als bei den Hauptschülern im gleichen Durchschnittsalter beantwortete die Mehrheit der Schüler/innen die Frage 5 mit „Nein". Obwohl in der Auswertung von Frage 6 zu sehen ist, dass die in den einzelnen Klassen deutlich mehr über das Thema „Amok" geredet wurde, empfanden die meisten Befragten keine Veränderung nach einem Amoklauf.

7. Auswertungen der Umfragen - Realschule

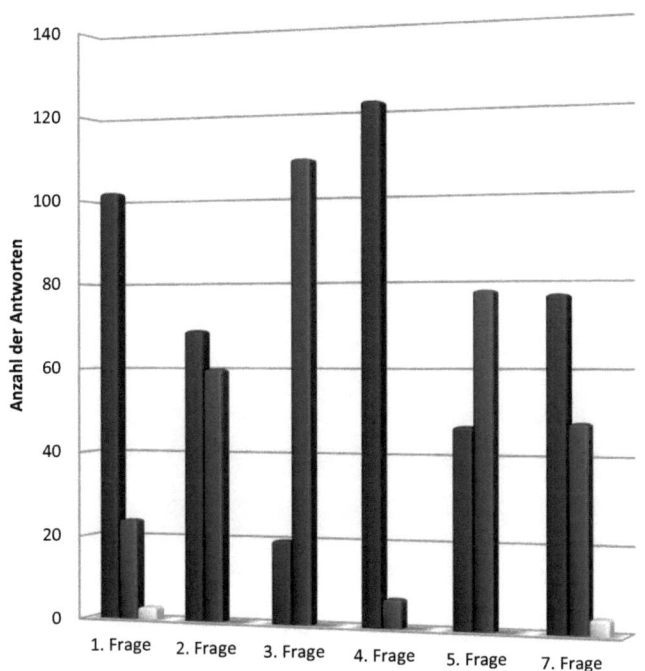

Realschule (15-17 Jahre)

	1. Frage	2. Frage	3. Frage	4. Frage	5. Frage	7. Frage
Ja	102	69	20	122	47	77
Nein	24	60	109	7	78	48
Unangekreuzt o. unentschlossen	3	0	0	0	0	4

Eine Veränderung zu den jüngeren Mitschülern lässt sich anhand der Frage 6 deuten. So würde die Mehrzahl der jüngeren Schüler/innen im Alter von 12-14 Jahre bei Problemfällen die vorhandenen Anlaufstellen benutzen, während überwiegend die Älteren auf diese verzichten.

7. Auswertungen der Umfragen - Realschule

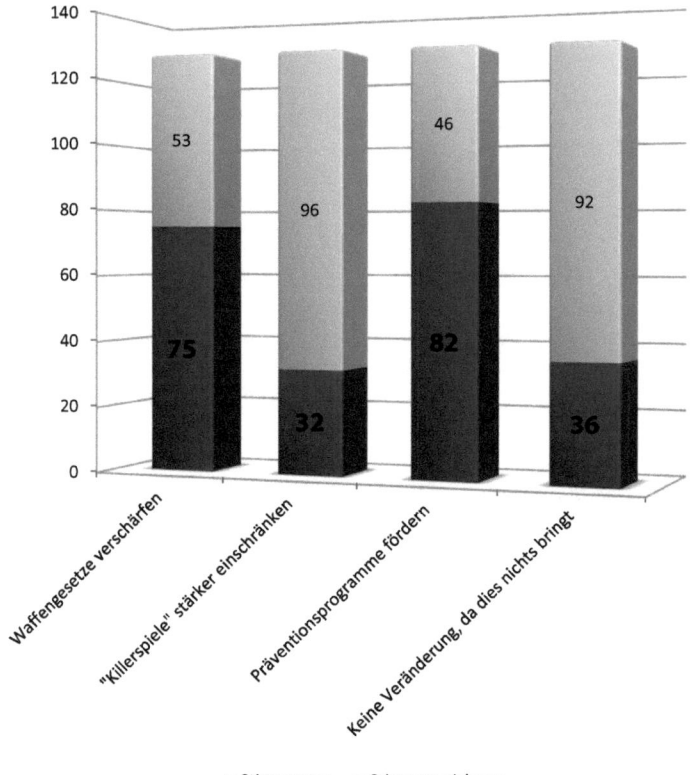

Die deutliche Mehrheit der Schüler/innen ist der Ansicht, dass das Fördern von Präventionsprogrammen, aber auch das Verschärfen der Waffenrechte dem Phänomen „Amok" entgegensteuern könnte.

7. Auswertungen der Umfrage - Gymnasium

7.4.3 Gymnasium (12-14 Jahre)

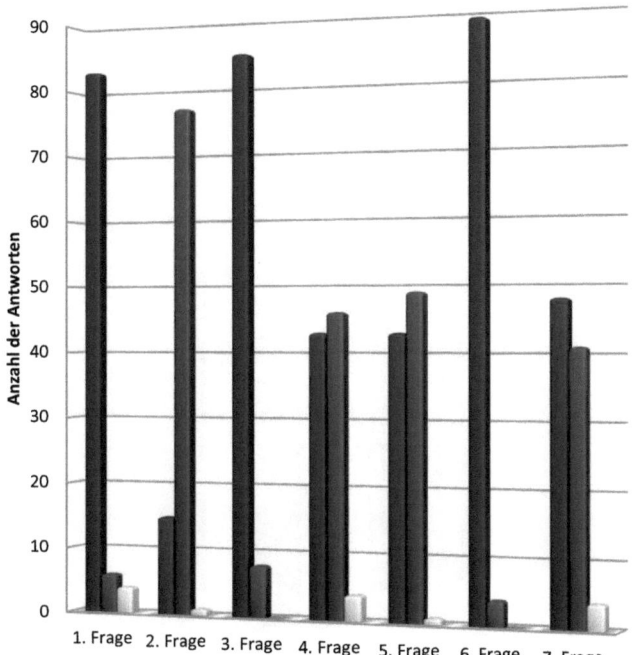

	1. Frage	2. Frage	3. Frage	4. Frage	5. Frage	6. Frage	7. Frage
■ Ja	83	15	85	43	43	89	48
■ Nein	6	77	8	46	49	4	41
▨ Unangekreuzt o. unentschlossen	4	1	0	4	1	0	4

Schon die meisten jüngeren Schüler zwischen 12 und 14 Jahre würden, anders als Gleichaltrige in der Real-oder Hauptschule, bei Problemfällen sich nicht an die Anlaufstellen wenden. Diese Erkennung lässt sich am Ergebnis der Frage 4 belegen. Ähnlich aber wie das Ergebnis von Frage 5 in der Realschule, konnten die meisten der Befragten keine Veränderung im persönlichen Empfinden feststellen, obwohl über das Thema „Amok" deutlich mehr geredet bzw. diskutiert wurde, wie das Ergebnis von Frage 6 aufzeigt.

7. Auswertungen der Umfragen - Gymnasium

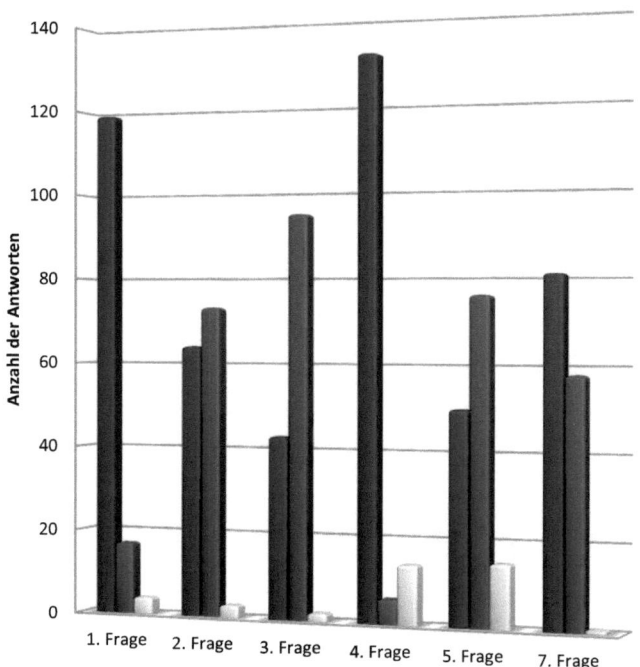

	1. Frage	2. Frage	3. Frage	4. Frage	5. Frage	7. Frage
■ Ja	119	64	43	132	50	81
■ Nein	17	73	95	6	76	58
■ Unangekreuzt o. unentschlossen	4	3	2	14	15	1

Mit der Auswertung von Frage 3 lässt sich eine leichte Anhebung der ungerecht behandelten Schülerinnen im Gegensatz zu Gleichaltrige aus der Realschule feststellen. Auch bei der Auswertung von den Lehrern im Gymnasium wurde der Aspekt „Verbales Mobbing" erwähnt, welches gehäuft in den oberen Klassenstufen zu beobachten ist.

7. Auswertungen der Umfragen - Gymnasium

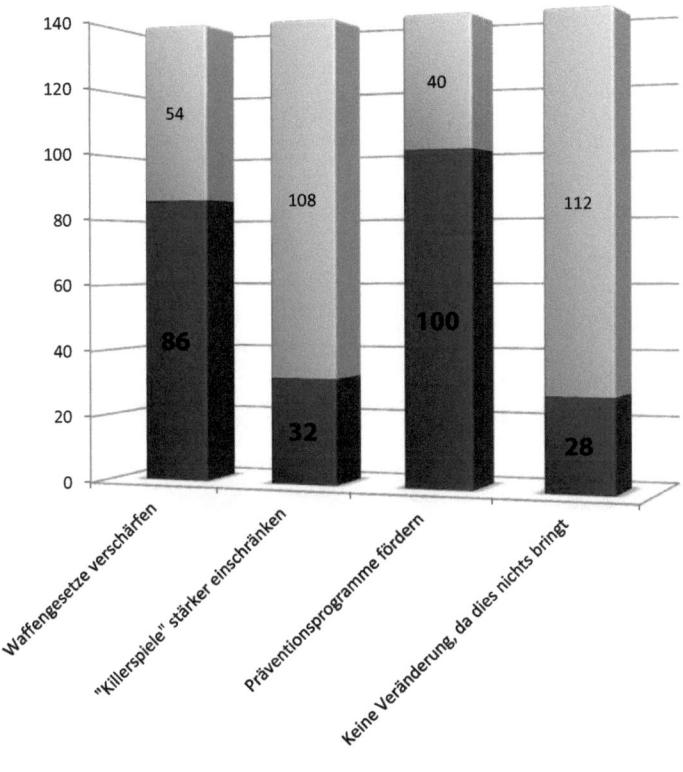

Ähnlich wie bei den Schüler/innen der Realschule fiel das Ergebnis bei den Gymnasiasten aus. So werden Präventionsprogramme und verschärfte Waffenrechte in den Mittelpunkt für das Entgegenwirken des Amoks gestellt.

7.1 Auswertungen der Umfragen - Lehrpersonal

7.4.4 Lehrpersonal (an der Gesamtschule)

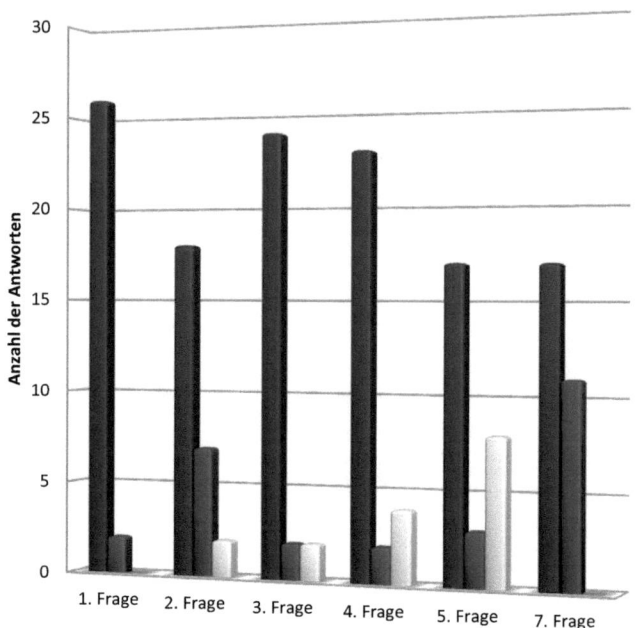

	1. Frage	2. Frage	3. Frage	4. Frage	5. Frage	7. Frage
■ Ja	26	18	24	23	17	17
■ Nein	2	7	2	2	3	11
⊔ Unangekreuzt o. unentschlossen	0	2	2	4	8	0

Das vorliegende Ergebnis enthält die Auswertung von allen Lehrern der jeweiligen Schulen, die an der Befragung teilgenommen haben. Auffällig ist das Resultat der einzelnen Fragen, die recht eindeutig sind. So ist sich die Mehrzahl der Lehrer/innen einig, dass die vorhandenen Anlaufstellen bei Problemfällen genutzt werden. Wie in den vorherigen Schaubildern aber zu sehen ist, werden diese überwiegend von den Schüler/innen nicht genutzt.
Eine weitere Widersprüchlichkeit zeigt die Frage 3. Es wird deutlich angegeben, dass Lehrer/innen agressives Verhalten beobachten können, doch die Mehrheit in jeder Altersgruppe sagt aus, dass sie sich nicht von Mitschülern ungerecht behandelt fühlen.

7. Auswertungen der Umfragen - Lehrpersonal

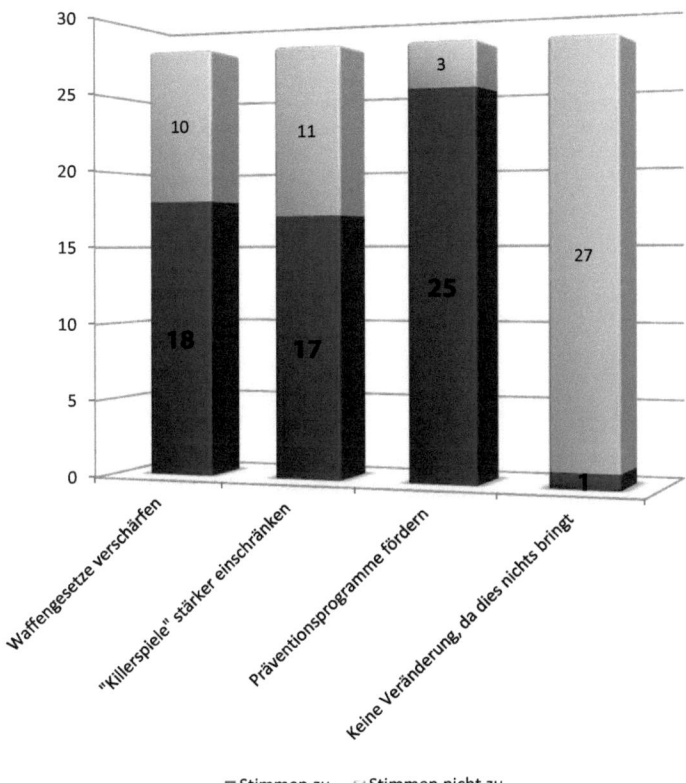

Bei der Befragung des Lehrpersonals nach möglichen Lösungsansätzen bezüglich des Amoklaufs wurde vermehrt auf Präventionsprogramme, verschärfte Waffengesetze aber auch auf das Einschränken von „Killerspielen" gesetzt. Anders als bei den Schüler/innen sehen die Lehrer/innen solche gewalttätigen Computerspiele als ein ausschlaggebender Risikofaktor für einen Amoklauf.

7. Auswertungen der Umfragen - Bilanz

7.4.5 Bilanz

Ein klares Ergebnis, sowohl bei Schülern als auch Lehrern, lieferte die Frage 1. So empfand die Mehrheit der Befragten ihre eigene Schule als sicher trotz der Geschehnisse wie in Winnenden. Trotz allem fordern besonders jüngere Schüler/innen mehr Sicherheitsvorkehrung. In allen der vorliegenden Ergebnisse von Frage 7, die speziell auf Sprechanlagen und Türsicherungen eingeht, wird der Wunsch nach einer erhöhten Sicherheitsmaßnahme deutlich.
Eine weitere Auffälligkeit, die sich in jeder Altersgruppe finden lässt, ist das Fördern von Präventionsprogrammen. So sind sich die meisten einig, dass an diesem Punkt mehr investiert werden muss, ob die Wahrscheinlichkeit von Amokläufen zu verringern.

8. Anhang - Literaturhinweise

8.1 Literaturhinweise

Adler, Lothar — Amok - Vortrag im Rahmen der Ringvorlesung der Universität Erfurt "Gewalt und Terror" (2002)

Adler, Lothar — Amok - Eine Studie. Belleville Verlag München (2002)

Bannenberg, Britta: — Sogenannte Amokfälle / So-called „Amok" Killings In: Forschungsmagazin der Universität Bielefeld, S. 36 - 40 (2007)

Bernstein, Ruth L. — Classification of Amok in DSM-IV - Hospital and Community Psychiatry 43 no.8 , S. 789 - 793 (August 1992)

Deggerich, Markus /
Gaterburg, Angela /
Kaiser, Simone /
Kleinhubbert, Guido /
Röbel, Sven
— Virus im Programm
In: Spiegel Nr. 48, S. 36 - 39
SPIEGEL-Verlag Rudolf Augstein GmbH & Co. KG (2006)

Drosdowski, Günther — Duden - Das Herkunftswörterbuch - Etymologie der deutschen Sprache. Die Geschichte der deutschen Wörter bis zur Gegenwart, S. 666
Bibliographisches Institut & F.A. Brockhaus AG, Mannheim (1989)

Eisenberg, Götz — Amok - Kinder der Kälte. Über die Wurzeln von Wut und Hass. Rowohlt Taschenbuch Verlag Reinbek bei Hamburg (2000)

Engels, Holger — Das School-Shooting von Emsdetten - Der letzte Ausweg aus dem Tunnel?
In: Amok und zielgerichtete Gewalt an Schulen; Früherkennung / Risikomanagement / Kriseneinsatz / Nachbetreuung, S. 35 - 57
Verlag für Polizeiwissenschaft, Frankfurt (2007)

Faust, Volker — Amok - In: Psychiatrie Heute - Seelische Störung erkennen, verstehen, verhindern, behandeln. Hrsg. von der Arbeitsgemeinschaft Psychosoziale Gesundheit (2002)

8. Anhang - Literaturhinweise

Füllgrabe, Uwe — Amok - In: Report Psychologie 27, S. 694 - 703
Deutscher Psychologen Verlag (2002)

Gallwitz, Adolf — Amok - Grandios untergehen, ohne selbst Hand anzulegen In: Polizei heute 6, S. 171 - 175
Richard Boorberg Verlag (2001)

Gaw, Albert C. — Classification of Amok in DSM-IV - Hospital and Community Psychiatry 43 no.8, S. 789 - 793
(August 1992)

Gärtner, Joachim — „Ich bin voller Hass - und das liebe ich!!"
dokumentarischer Roman aus zum Attentat an der Columbine High School
Berlin: Eichborn Verlag (2009)

Gwee, A. L. — Neurological Pattern in Singapore - Vol.8 No.4, S. 255 - 258
Medical Unit III, General Hospital, Singapore (December, 1967)

Harnischmacher, Robert — Das Phänomen Amok - Ein Erklärungsversuch am Ausgangsfall in Emsdetten, S. 452 - 454
Kriminalistik. Verlagsgruppe Hüthig Jehle Rehm GmbH
Heidelberg (2007)

(WHO) ICD-10: — Weltgesundheitsorganisation
DCR - 10 (Kulturspezifische Störungen).Taschenbuch zur Klassifikation psychischer Störungen (mit Glossar und diagnostischen Kriterien). Verlag Hans Huber. Bern, Göttingen, Toronto, Seattle. 1.Auflage (1999)
Übersetzt und herausgegeben von H. Dilling und H.J. Freyberger.

Knecht, Thomas — Amok und Pseudo-Amok
In: Schweizer Archiv für Neurologie und Psychiatrie No.150, S.142 - 148
EMH Schweizerischer Ärzteverlag (1999)

Muhammad ibn Ahmad Ibn Rassoul, Abu-r-Rida — Al Qur'an Al Karim (24. Auflage)
World Call Islamic Society e.V. (2007)

Neubauer, Hans-Joachim — Der verdunkelte Blick - Von der rasenden Wut zum "kalten" Amok: ein Theater der Grausamkeit ohne Wiederkehr
In: Frankfurter Allgemeine Zeitung (1999)

8. Anhang - Literaturhinweise

Robertz, Frank J.	School Shootings - Über die Relevanz der Phantasie für die Begehung von Mehrfachtötungen durch Jugendliche Frankfurt: Verlag für Polizeiwissenschaft (2004)
Robertz, Frank J.	Brennpunkt - Amokläufe an Schulen: Todbringende Fantasien In: Gehirn & Geist, S.28 - 34 Heidelberg (2007)
Robertz, Frank J. / **Wickenhäuser**, Ruben	Der Riss in der Tafel - Amoklauf und schwere Gewalt in der Schule, S. 73 - 83 Berlin (2007)
Saint Martin, Manuel L.	Running Amok: A Modern Perspective on a Cultural-Bound-Syndrome, S. 66 - 70 The Primary Care Companion to the Journal of Clinical Psychiatry (1999)
Scheithauer, Herbert / **Bondü**, Rebecca	Amoklauf - Wissen was stimmt Freiburg im Breisgau (2008)
Sofsky, Wolfgang	Zeiten des Schreckens. Amok, Terror, Krieg Frankfurt am Main (2002)
Von See, Klaus	Exkurs zum Haraldskvæði: Berserker - Aufsätze zur skandinavischen Literatur des Mittelalters, S. 311 - 317 Heidelberg (1981)
US Secret Service and **US Department Of Education**	The Final Report and finding of the safe school initiative - Implications for the prevention of school attacks in the United States Washington D.C. (2002)

8. Anhang - Literaturhinweise

Internetverweise (chronologisch geordnet)

Einleitung:

My Life of Crime - Grover Cleveland Elementary School Shootings
(Veröffentlicht am 29. Januar 2006):
http://mylifeofcrime.wordpress.com/2006/01/29/grover-cleveland-elementary-school-shootings-12979/
(Abruf am 7. Januar 2009)

Wikipedia - Die freie Enzyklopädie: Brenda Ann Spencer
(Veröffentlicht am 29. April 2005):
http://de.wikipedia.org/wiki/Brenda_Ann_Spencer
(Abruf am 7. Januar 2009)

Jochen Scheytt - I don't like Mondays
(Veröffentlichungsdatum unbekannt):
http://www.jochenscheytt.de/popsongs/mondays.html
(Abruf am 7. Januar 2009)

Vorgeschichte des Amoklaufs:

Volker Faust - Amok
(Veröffentlicht am 6. Mai 2007):
http://www.psychosoziale-gesundheit.net/psychiatrie/amok.html
(Abruf am 10. Oktober 2009)

RP Online - Amoklauf aus Wut über schlechte Noten
(Veröffentlicht am 18. Februar 2010):
http://www.rp-online.de/panorama/deutschland/Amoklauf-aus-Wut-ueber-schlechte-Noten_aid_821640.html
(Abruf am 13. März 2010)

Albert C. Gaw and Ruth L. Bernstein - Classification of Amok in DSM-IV
(Veröffentlicht am August 1992):
http://www.psychservices.psychiatryonline.org/cgi/content/abstract/43/8/789
(Abruf am 13. Dezember 2009)

8. Anhang - Literaturhinweise

André Klinge – Berserker
(Veröffentlicht am 30. Dezember 2004):
http://www.berserks.de/
(Abruf am 12. Dezember 2009)

Krimpedia - Amok
(Veröffentlicht am 22. Januar 2009):
http://www.kriminologie.uni-hamburg.de/wiki/index.php/Amok
(Abruf am 13. Dezember 2009)

Barnabas Fund In: Barnabas Aid
(Veröffentlicht am April/Mai 2007):
http://answering-islam.org/Green/slavery.htm
(Abruf am 1. März 2010)

Sender: History Interview mit: Akbar S. Ahmed (Prof. für Islamstudien, American University)
(Erscheinungsjahr 2006):
http://video.google.com/videoplay?docid=7849825496361245711&ei=rHF6S5WTK MKu-AalxfHMBw&q=Selbstmord+ist+im+Islam+verboten&hl=de#
(Abruf am 24. Februar 2010)

Tagesspiegel Sonderthemen - Bevor Schüler zu Tätern werden
(Veröffentlicht am 10. Oktober 2009):
http://www.tagesspiegel.de/zeitung/Sonderthemen;art893,2918792
(Abruf am 24. Februar 2010)

BZ-Berlin - Schüler wollte Amok nachahmen *(Veröffentlicht am 12. März 2009):*
http://www.bz-berlin.de/aktuell/berlin/schueler-wollte-amok-nachahmen-article394354.html
(Abruf am 13. Dezember 2009)

Abschiedsbrief - Sebastian Bosse
(Veröffentlicht am 21. November 2006):
http://www.heise.de/bin/tp/issue/r4/dl-artikel2.cgi?artikelnr=24032&mode=print
(Abruf am 28. Dezember 2009)

8. Anhang - Literaturhinweise

Spezielle Form des Amoks: „School-Shootings":

Landespolizeikommando Tirol Androhungen zielgerichteter Gewalt an Schulen
(Erscheinungsjahr 2009):
http://www.tibs.at/sb-bb/krisen/Handmappe/gewalt/school%20shooting%20-%20Allg.pdf
(Abruf am 14. März 2010)

Columbine:

Welt Online - Littleton: Auch die Columbine-Amokläufer waren "normal"
(Veröffentlicht am 23. März 2009):
http://www.welt.de/kultur/article3428400/Auch-die-Columbine-Amoklaeufer-waren-normal.html
(Abruf am 5. April 2010)

Der Freitag - Mensch oder Monster: "Ich mache erst!"
(Veröffentlicht am 12. März 2009):
http://www.freitag.de/alltag/0911-amoklauf-winnenden-internet-video-columbine-high
(Abruf am 5. April 2010)

Fachinformation des Arzneimittel-Kompendium der Schweiz: Fluvoxamin
(Veröffentlichungsdatum unbekannt):
http://de.oddb.org/de/drugs/patinfo/uid/33579/chapter/precautions
(Abruf am 4. März 2010)

Bnet - Prescription drugs may trigger killing: experts in a lawsuit against the manufacturer of Luvox say that the antidepressant may have tipped Eric Harris from being a troubled teen to a cold-blooded murderer
(Veröffentlicht am 23. September 2002):
http://findarticles.com/p/articles/mi_m1571/is_35_18/ai_92352722/
(Abruf am 4. März 2010)

Wikipedia - The free enzyclopedia: Westside Middle School massacre
(Veröffentlicht am 14. März 2009):
http://en.wikipedia.org/wiki/Westside_Middle_School_massacre
(Abruf am 3. März 2010)

8. Anhang - Literaturhinweise

Jefferson County, Colorado - Sheriff
(Veröffentlicht am 16. Mai 2009):
http://denver.rockymountainnews.com/shooting/report/columbinereport/pages/toc.htm
(Abruf am 5. April 2010)

n-tv - Amokläufe an Schulen:Die Konstruktion des Tötens
(Veröffentlicht am 20. April 2007):
http://www.n-tv.de/politik/dossier/Die-Konstruktion-des-Toetens-article241286.html
(Abruf am 5. April 2010)

Wikipedia - The free enzyclopedia: Columbine High School massacre
(Veröffentlicht am 9. November 2007):
http://en.wikipedia.org/wiki/Westside_Middle_School_massacre
(Abruf am 15. Mai 2010)

Bio. True Story. - Eric Harris Biography
(Veröffentlicht im Jahr 2006):
http://www.biography.com/articles/Eric-Harris-235982?part=0
(Abruf am 5. April 2010)

Bio. True Story. - Dylan Klebold Biography
(Veröffentlicht im Jahr 2006):
http://www.biography.com/articles/Dylan-Klebold-235979
(Abruf am 5. April 2010)

Studentenpilot - Schulmassaker von Littleton
(Veröffentlicht im Jahr 2008):
http://www.studentenpilot.de/studieninhalte/onlinelexikon/dy/Dylan_Klebold/
(Abruf am 21. März 2010)

A Columbine Site - Yearbook Pictures
(Veröffentlicht im Jahr 1999):
http://www.acolumbinesite.com/yearbook.html#tcm
(Abruf am 5. April 2010)

8. Anhang - Literaturhinweise

BILD - Das Manifest des Amokläufers von Blacksburg (32 Tote): „Für euch war ich doch nur ein Stück Scheiße"
(Veröffentlicht am 19. April 2007):
http://www.bild.de/BTO/news/2007/04/20/amok-lauf-usa/MAIN-2-video-botschaft-blacksburg.html
(Abruf am 5. April 2010)

CNN - Debunking the myths of Columbine, 10 years later
(Veröffentlicht am 20. April 2009):
http://edition.cnn.com/2009/CRIME/04/20/columbine.myths/index.html
(Abruf am 5. April 2010)

Guardian - The truth about Columbine
(Veröffentlicht am 17. April 2009):
http://www.guardian.co.uk/world/2009/apr/17/columbine-massacre-gun-crime-us
(Abruf am 5. April 2010)

Welt - Columbine: Der Amoklauf der Mantel-Mafia
(Veröffentlicht am 19. April 2007):
http://www.welt.de/vermischtes/article820823/Der_Amoklauf_der_Mantel_Mafia.html
(Abruf am 6. April 2010)

Emsdetten:

Spiegel Online - Amokläufer von Emsdetten: Die wirre Welt des Sebastian B.
(Veröffentlicht am 21. Juni 2006):
http://www.spiegel.de/panorama/justiz/0,1518,449738,00.html
(Abruf am 6. März 2010)

Innenministerium NRW - Rede von Dr. Ingo Wolf
(Veröffentlicht am 14. Dezember 2006):
http://www.im.nrw.de/pm/141206_1018.html
(Abruf am 4. März 2010)

Tagesspiegel - Die Gesichter des jungen B.: Viele Wege, Möglichkeiten und irgendwann eine falsche Abzweigung: Wer war der Amokläufer von Emsdetten?
(Veröffentlicht am 25. November 2006):
http://www.tagesspiegel.de/zeitung/die-gesichter-des-jungen-b-/778516.html
(Abruf am 3. März 2010)

8. Anhang - Literaturhinweise

Jura Forum - § 42 WaffG - Verbot des Führens von Waffen bei öffentlichen Veranstaltungen
(Veröffentlicht am 11. Oktober 2002):
http://www.juraforum.de/gesetze/waffg/42-verbot-des-fuehrens-von-waffen-bei-oeffentlichen-veranstaltungen
(Abruf am 4. März 2010)

Telepolis - "Ich will R.A.C.H.E"
(Veröffentlicht am 11. Oktober 2002):
http://www.heise.de/tp/r4/artikel/24/24032/1.html
(Abruf am 28. Dezember 2009)

LiveJournal - ResistantX
(Veröffentlicht am 2. September 2004):
http://resistantx.livejournal.com/
(Abruf am 6. März 2010)

Holger Engels - Das School Shooting von Emsdetten: Der letzte Ausweg aus dem Tunnel?
(Veröffentlicht im Jahr 2007):
http://www.uni-osnabrueck.de/images/PStDokumente/Ringvorlesung_Kriminalistik_Engels.pdf
(Abruf am 6. März 2010)

Spiegel Online - Amoklauf in der Schule: Der verhinderte Massenmord von Emsdetten
(Veröffentlicht am 20. November 2006):
http://www.spiegel.de/panorama/justiz/0,1518,449622,00.html
(Abruf am 6. März 2010)

Spiegel Online - Amoklauf in Emsdetten: Die wirre Welt des Sebastian B.
(Veröffentlicht am 21. November 2006):
http://www.spiegel.de/panorama/justiz/0,1518,449738,00.html
(Abruf am 15. Mai 2010)

Tagesspiegel - Die Gesichter des jungen B.: Viele Wege, Möglichkeiten und irgendwann eine falsche Abzweigung: Wer war der Amokläufer von Emsdetten?
(Veröffentlicht am 25. November 2006):
http://www.tagesspiegel.de/zeitung/die-gesichter-des-jungen-b-/778516.html
(Abruf am 10. März 2010)

8. Anhang - Literaturhinweise

Stern - Amoklauf in Emsdetten: Wer war Sebastian B.?
(Veröffentlicht am 22. November 2006):
http://www.stern.de/politik/deutschland/amoklauf-in-emsdetten-wer-war-sebastian-b-576933.html
(Abruf am 7. März 2010)

Stern - Mitschüler des Amokläufers: Bastian war kein Außenseiter
(Veröffentlicht am 23. November 2006):
http://www.stern.de/panorama/mitschueler-des-amoklaeufers-bastian-war-kein-aussenseiter-577045.html
(Abruf am 7. März 2010)

Nullpunkt - Sammelmappe „Bastian"
(Veröffentlicht am 21. April 2007):
http://nullpunkt.keinmensch.de/forum/viewtopic.php?f=20&t=3&st=0&sk=t&sd=a&hilit=bastian&start=10
(Abruf am 4. März 2010)

Bastians Onlinetagebuch
(Veröffentlicht am 2. September 2004):
http://resistantx.livejournal.com/
(Abruf am 4. März 2010)

Ice Blog - ResistantX - Google-Spuren des Amok-Läufers Sebastian B.
(Veröffentlicht am 21. November 2006):
http://www.ice-blog.de/159-resistantx-google-spuren-des-amok-laeufers-sebastian-b
(Abruf am 20. März 2010)

Spiegel Online - Amoklauf in Emsdetten: Video - Vermächtnis mit Waffe, Mantel, Kampfstiefeln
(Veröffentlicht am 20. November 2006):
http://www.spiegel.de/netzwelt/web/0,1518,449681,00.html
(Abruf am 3. März 2010)

Gulli - Websites von ResistantX aka Sebastian B. werden gelöscht
(Veröffentlicht am 21. November 2006):
http://www.gulli.com/news/amoklauf-in-emsdetten-websites-2006-11-21/
(Abruf am 25. März 2010)

8. Anhang - Literaturhinweise

Odenwald Geschichten - Amok in Zeiten des Internet: Bastian Bosse erwarb Waffen auf Darmstädter Handelsplattform egun.de
(Veröffentlicht am 21. November 2006):
http://www.odenwald-geschichten.de/?p=1366
(Abruf am 7. März 2010)

n-tv - Amoklauf von Emsdetten: Waffen im Internet besorgt
(Veröffentlicht am 21. November 2006):
http://www.n-tv.de/panorama/Waffen-im-Internet-besorgt-article200064.html
(Abruf am 8. März 2010)

Alexander Reiter - Ich will Z.E.N.S.U.R.
(Veröffentlicht am 23. November 2006):
http://www.leckse.net/artikel/misc/abschiedsbrief-im-vergleich
(Abruf am 4. Januar 2010)

WikiNews - Nach der Schießerei in Emsdetten: Einflussnahme auf Websites
(Veröffentlicht am 1. November 2006):
http://de.wikinews.org/wiki/Nach_der_Schie%C3%9Ferei_in_Emsdetten:_Einflussnahme_auf_Websites
(Abruf am 4. Januar 2010)

Winnenden:

Stuttgarter Zeitung - Der Täter Tim K. : Ein schüchterner Angeber mit Depressionen
(Veröffentlicht am 12. März 2009):
http://www.stuttgarter-zeitung.de/stz/page/1971368_0_9223_der-taeter-tim-k-ein-schuechterner-angeber-mit-depressionen.html
(Abruf am 18. April 2010)

Ärzte Zeitung - Der Amokläufer von Winnenden: Depressiver Waffennarr Tim K.
(Veröffentlicht am 13. März 2009):
http://www.aerztezeitung.de/medizin/krankheiten/neuro-psychiatrische_krankheiten/article/537655/amoklaeufer-winnenden-depressiver-waffennarr-tim-k.html
(Abruf am 18. April 2010)

8. Anhang - Literaturhinweise

BZ Berlin - Polizei fand Killerspiele, Horrorfilme und Pornobilder auf dem Computer von Kretschmer +++ Er war Einzelgänger und hatte keine Freundin: Der Amok-Schütze (17) war wegen Depressionen in der Nervenklinik. Die Ärzte konnten seine kranke Seele nicht heilen
(Veröffentlicht am 13. März 2009):
http://www.bz-berlin.de/archiv/der-amok-schuetze-17-war-wegen-depressionen-in-der-nervenklinik-die-arzte-konnten-seine-kranke-seele-nicht-heilen-article395103.html
(Abruf am 18. April 2010)

Stuttgarter Zeitung - Flucht endet am Notausgang: Neue Details zum Tathergang
(Veröffentlicht am 12. März 2009):
http://www.stuttgarter-zeitung.de/stz/page/1971397_0_9223_-flucht-endet-am-notausgang-neue-details-zum-tathergang.html
(Abruf am 19. April 2010)

Polizei Baden-Württemberg -Amoklauf von Winnenden endet im Industriegebiet in Wendlingen: 17-Jähriger tötete sich im Anschluss selbst
(Veröffentlicht am 12. März 2009):
http://www.polizei-bw.de/presse/pm2008/seiten/prim_amok.aspx
(Abruf am 25. April 2010)

Wikipedia - Die freie Enzyklopädie: Amoklauf in Winnenden
(Veröffentlicht am 11. März 2009):
http://de.wikipedia.org/wiki/Amoklauf_von_Winnenden#cite_note-Polizei_Waiblingen-0
(Abruf am 19. April 2010)

Astrologix - "Amok an deutscher Schule"
(Veröffentlicht im Jahr 2009):
http://www.astrologix.de/forum/ForumID45/1069.html
(Abruf am 17. April 2010)

Astro Forum - Amoklauf in Winnenden
(Veröffentlicht im Jahr 2009):
http://www2.manfredgregor.de/punbb/viewtopic.php?id=3182&p=2
(Abruf am 17. April 2010)

BILD - Depressionen: Amokschütze Tim Kretschmer (†17) war psychisch krank
(Veröffentlicht am 11. März 2009):
http://www.bild.de/BILD/news/2009/03/12/winnenden/tim-kretschmer/wie-wurde-er-zum-amoklaeufer.html
(Abruf am 18. April 2010)

8. Anhang - Literaturhinweise

BILD - Amoklauf Winnenden: Hatte er es auf Frauen abgesehen?
(Veröffentlicht am 11. März 2009):
http://www.bild.de/BILD/news/2009/03/11/winnenden/das-ist-der-amokschuetze/tim-kretschmer.html
(Abruf am 18. April 2010)

Spiegel - Amoklauf in Winnenden: "Ein ganz normaler Teenager"
(Veröffentlicht am 12. März 2009):
http://www.spiegel.de/panorama/justiz/0,1518,612803,00.html
(Abruf am 24. Mai 2010)

Focus - Amoklauf von Winnenden: Abschiedsbrief aufgetaucht
(Veröffentlicht am 8. September 2009):
http://www.focus.de/panorama/vermischtes/amoklauf-von-winnenden-abschiedsbrief-aufgetaucht_aid_433805.html
(Abruf am 24. Mai 2010)

Wikipedia - die freie Enzyklopädie: Sadomasochismus
(Veröffentlicht am 30. Dezember 2002):
http://de.wikipedia.org/wiki/Sadomasochismus
(Abruf am 24. Mai 2010)

BILD - Winnenden: Amokläufer schrieb Frustbrief an Eltern
(Veröffentlicht am 12. März 2009):
http://www.bild.de/BILD/news/2009/03/12/winnenden/brief/motiv-fuer-das-massaker.html
(Abruf am 24. Mai 2010)

Mythen:

Youtube - Columbine shooting cafeteria footage Harris Klebold
(Veröffentlicht am 24. November 2006):
http://www.youtube.com/watch?v=UJ13CZ4Hekg
(Abruf am 24. März 2010)

Sicherheit - Aufbewahrung von Schusswaffen: Noch alle im Schrank?
(Veröffentlicht am 16. März 2009):
http://www.sicherheit.info/si/cms.nsf/si.ArticlesByDocID/1103038?Open
(Abruf am 24. März 2010)

8. Anhang - Literaturhinweise

MyVideo - N-TV Killerspiele
(Veröffentlicht am 3. Februar 2007):
http://www.myvideo.de/watch/761753/N_TV_Killerspiele
(Abruf am 25. März 2010)

Wikipedia - die freie Enzyklopädie: Aktionismus
(Veröffentlicht am 5. Juni 2004):
http://de.wikipedia.org/wiki/Aktionismus
(Abruf am 25. März 2010)

Sonstige Medien:

Dokumentarbericht auf N24 - Columbine High School: Protokoll eines Massakers
(Veröffentlicht im Jahre 2008)

Dokumentarbericht auf arte - Kinder unter Kontrolle
(Veröffentlicht im Jahre 2010)

Michael Moore - Bowling for Columbine
(Veröffentlicht im Jahre 2002)

ZDF Reportage - Der Amoklauf von Winnenden *(Veröffentlicht im Jahre 2009)*
Auch auf der *Veoh* Plattform verfügbar unter:
http://www.veoh.com/browse/videos/category/educational_and_howto/watch/v1
8058174mFYScfEd

8. Anhang - Columbine - Zeichnungen von Eric Harris und Dylan Klebold

8.2 Zeichnungen

Im Juli 2006 gaben die Behörden in Colorado Tagebuchaufzeichnungen der Schulamokläufer von 1999 an der Columbine High School für die Öffentlichkeit frei. Es sind Zeichnungen von ihren unbändigen Gewaltfantasien, die Eric und Dylan auf Papier festgehalten haben.[1]

Abb.1[2]

---

[1] Vgl. Frank J. Robertz - Brennpunkt: Amokläufe an Schulen - Todbringende Fantasien S.28 - 34 (2007).
[2] Spiegel Online: Attentäter-Tagebücher: Blut, Tod, Verderben, unter: http://www.spiegel.de/fotostrecke/fotostrecke-14887-3.html (07.07.2006).

8. Anhang - Columbine - Zeichnungen von Eric Harris und Dylan Klebold

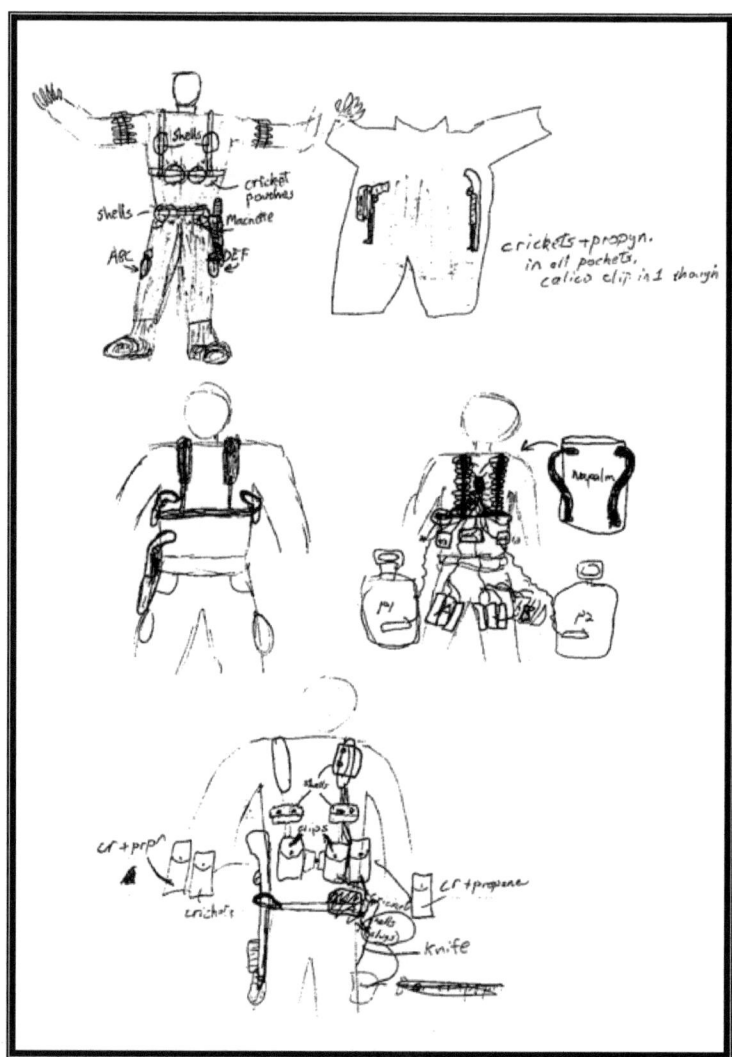

Abb.2[3]

---
[3] Ebd.

8. Anhang - Columbine - Zeichnungen von Eric Harris und Dylan Klebold

Abb.3

8.3 Abschiedsbrief von Bastian Bosse (Emsdetten)*

"Wenn man weiss, dass man in seinem Leben nicht mehr Glücklich werden kann, und sich von Tag zu Tag die Gründe dafür häufen, dann bleibt einem nichts anderes übrig als aus diesem Leben zu verschwinden. Und dafür habe ich mich entschieden. Es gibt vielleicht Leute die hätten weiter gemacht, hätten sich gedacht "das wird schon", aber das wird es nicht. Man hat mir gesagt ich muss zur Schule gehen, um für mein leben zu lernen, um später ein schönes Leben führen zu können. Aber was bringt einem das dickste Auto, das grösste Haus, die schönste Frau, wenn es letztendlich sowieso für'n Arsch ist. Wenn deine Frau beginnt dich zu hassen, wenn dein Auto Benzin verbraucht das du nicht zahlen kannst, und wenn du niemanden hast der dich in deinem scheiss Haus besuchen kommt!

Das einzigste was ich intensiv in der Schule beigebracht bekommen habe war, das ich ein Verlierer bin. Für die ersten jahre an der GSS stimmt das sogar, ich war der Konsumgeilheit verfallen, habe danach gestrebt Freunde zu bekommen, Menschen die dich nicht als Person, sondern als Statussymbol sehen. Aber dann bin ich aufgewacht! Ich erkannte die Welt wie sie mir erschien nicht existiert, das sie eine Illusion war, die hauptsächlich von den Medien erzeugt wurde. Ich merkte mehr und mehr in was für einer Welt ich mich befand. Eine Welt in der Geld alles regiert, selbst in der Schule ging es nur darum. Man musste das neuste Handy haben, die neusten Klamotten, und die richtigen "Freunde". hat man eines davon nicht ist man es nicht wert beachtet zu werden. Und diese Menschen nennt man Jocks. Jocks sind alle, die meinen aufgrund von teuren Klamotten oder schönen Mädchen an der Seite über anderen zu stehen. Ich verabscheue diese Menschen, nein, ich verabscheue Menschen.

Ich habe in den 18 Jahren meines Lebens erfahren müssen, das man nur Glücklich werden kann, wenn man sich der Masse fügt, der Gesellschaft anpasst. Aber das konnte und wollte ich nicht. Ich bin frei! Niemand darf in mein Leben eingreifen, und tut er es doch hat er die Konsequenzen zu tragen! Kein Politiker hat das Recht Gesetze zu erlassen, die mir Dinge verbieten, Kein Bulle hat das Recht mir meine Waffe wegzunehmen, schon gar nicht während er seine am Gürtel trägt. Wozu das alles? Wozu soll ich arbeiten? Damit ich mich kaputtmaloche um mit 65 in den Ruhestand zugehen und 5 Jahre später abzukratzen?

Warum soll ich mich noch anstrengen irgendetwas zu erreichen, wenn es letztendlich sowieso für'n Arsch ist weil ich früher oder später krepiere? Ich kann ein Haus bauen, Kinder bekommen und was weiss ich nicht alles. Aber wozu? Das Haus wird irgendwann abgerissen, und die Kinder sterben auch mal. Was hat denn das Leben bitte für einen Sinn? Keinen! Also muss man seinem Leben einen Sinn geben, und das mache ich nicht indem ich einem überbezahlten Chef im Arsch rumkrieche oder mich von Faschisten verarschen lasse die mir erzählen wollen wir leben in einer Volksherrschaft. Nein, es gibt für mich jetzt noch eine Möglichkeit meinem Leben einen Sinn zu geben, und die werde ich nicht wie alle anderen zuvor verschwenden! Vielleicht hätte mein Leben komplett anders verlaufen können. Aber die Gesellschaft hat nunmal keinen Platz für Individualisten. Ich meine richtige Individualisten, Leute die slebst denken, und nicht solche "Ich trage ein Nietenarmband und bin alternativ" Idioten!

8. Anhang - Abschiedsbrief von Bastian Bosse

Ihr habt diese Schlacht begonnen, nicht ich. Meine Handlungen sind ein Resultat eurer Welt, eine Welt die mich nicht sein lassen will wie ich bin. Ihr habt euch über mich lustig gemacht, dasselbe habe ich nun mit euch getan, ich hatte nur einen ganz anderen Humor! Von 1994 bis 2003/2004 war es auch mein Bestreben, Freunde zu haben, Spass zu haben. Als ich dann 1998 auf die GSS kam, fing es an mit den Statussymbolen, Kleidung, Freunde, Handy usw.. Dann bin ich wach geworden. Mir wurde bewusst das ich mein Leben lang der Dumme für andere war, und man sich über mich lustig machte. Und ich habe mir Rache geschworen! Diese Rache wird so brutal und rücksichtslos ausgeführt werden, dass euch das Blut in den Adern gefriert. Bevor ich gehe, werde ich euch einen Denkzettel verpassen, damit mich nie wieder ein Mensch vergisst! Ich will das ihr erkennt, das niemand das Recht hat unter einem faschistischen Deckmantel aus Gesetz und Religion in fremdes Leben einzugreifen!
Ich will das sich mein Gesicht in eure Köpfe einbrennt! Ich will nicht länger davon laufen! Ich will meinen Teil zur Revolution der Ausgestossenen beitragen!
Ich will R A C H E !
Ich habe darüber nachgedacht, dass die meisten der Schüler die mich gedemütigt haben schon von der GSS abgegangen sind.

Dazu habe ich zwei Dinge zu sagen:

1. Ich ging nicht nur in eine klasse, nein, ich ging auf die ganze Schule. Die Menschen die sich auf der Schule befinden, sind in keinem Falle unschuldig! Niemand ist das! In deren Köpfen läuft das selbe Programm welches auch bei den früheren Jahrgängen lief! Ich bin der Virus der diese Programme zerstören will, es ist völlig irrelewand wo ich da anfange.

2. Ein Grossteil meiner Rache wird sich auf das Lehrpersonal richten, denn das sind Menschen die gegen meinen Willen in mein Leben eingegriffen haben, und geholfen haben mich dahin zu stellen, wo ich jetzt stehe; Auf dem Schlachtfeld! Diese Lehrer befinden sich so gut wie alle noch auf dieser verdammten schule!

Das Leben wie es heute täglich stattfindet ist wohl das armseeligste was die Welt zu bieten hat!

S.A.A.R.T.   -   Schule,   Ausbildung,   Arbeit,   Rente,   Tod

Das ist der Lebenslauf eines "normalen" Menschen heutzutage. Aber was ist eigentlich normal? Als normal wird das bezeichnet, was von der Gesellschaft erwartet wird. Somit werden heutzutage Punks, Penner, Mörder, Gothics, Schwule usw. als unnormal bezeichnet, weil sie den allgemeinen Vorstellungen der Gesellschaft nicht gerecht werden, können oder wollen. Ich scheiss auf euch! Jeder hat frei zu sein! Gebt jedem eine Waffe und die Probleme unter den Menschen lösen sich ohne jedliche Einmischung Dritter. Wenn jemand stirbt, dann ist er halt tot. Und? Der Tod gehört zum Leben! Kommen die Angehörigen mit dem Verlust nicht klar, können sie Selbstmord begehen, niemand hindert sie daran!

8. Anhang - Abschiedsbrief von Bastian Bosse

S.A.A.R.T. beginnt mit dem 6. Lebensjahr hier in Deutschland, mit der Einschulung. Das Kind begibt sich auf seine perönliche Sozialisationsstrecke, und wird in den darauffolgenden Jahren gezwungen sich der Allgemeinheit, der Mehrheit anzupassen. Lehnt es dies ab, schalten sich Lehrer, Eltern, und nicht zuletzt die Polizei ein. Schulpflicht ist die Schönrede von Schulzwang, denn man wird ja gezwungen zur Schule zu gehen. Wer gezwungen wird, verliert ein Stück seiner Freiheit. Man wird gezwungen Steuern zu zahlen, man wird gezwungen Geschwindigkeitsbegrenzungen einzuhalten, man wird gezwungen dies zu tun, man wird gewzungen das zu tun. Ergo: Keine Freiheit! Und sowas nennt man dann Volksherrschaft. Wenn das Volk hier herrschen würde, hiesse es Anarchie!

WERDET ENDLICH WACH - GEHT AUF DIE STRASSE - DAS HAT IN DEUTSCHLAND SCHONMAL FUNKTIONIERT!

Nach meiner Tat werden wieder irgendwelche fetten Politiker dumme Sprüche klopfen wie "Wir halten nun alle zusammen" oder "Wir müssen gemeinsam versuchen dies durchzustehen". Doch das machen sie nur um Aufmerksmakeit zu bekommen, um sich selbst als die Lösung zu präsentieren. Auf der GSS war es genauso... niemals lässt sich dieses fette Stück Scheisse von Rektorin blicken, aber wenn Theater-aufführungen sind, dann steht sie als erste mit einem breiten Grinsen auf der Bühne und präsentiert sich der Masse!

Nazis, HipHoper, Türken, Staat, Staatsdiener, Gläubige...einfach alle sind zum kotzen und müssen vernichtet werden! (Den begriff "Türken" benutze ich für alle HipHopMuchels und Kleingangster; Sie kommen nach Deutschland weil die Bedingungen bei ihnen zu hause zu schlecht sind, weil Krieg ist... und dann kommen Sie nach Deutschland, dem Sozialamt der Welt, und lassne hier die Sau raus. Sie sollten alle vergast werden! Keine Juden, keine Neger, keine Holländer, aber Muchels! ICH BIN KEIN SCHEISS NAZI) Ich hasse euch und eure Art! Ihr müsst alle sterben!
Seit meinem 6. Lebensjahr wurde ich von euch allen verarscht! Nun müsst ihr dafür bezahlen!

Weil ich weiss das die Fascholizei meine Videos, Schulhefte, Tagebücher, einfach alles, nicht veröffentlichen will, habe ich das selbst in die Hand genommen.

Als letztes möchte ich den Menschen die mir was bedeuten, oder die jemals gut zu mir waren, danken, und mich für all dies Entschuldigen!

Ich bin weg..."

Dies ist ein Originalauszug des Abschiedsbriefs von Sebastian Bosse. Somit können Grammatik und Rechtschreibfehler mit inbegriffen sein.

Quelle:Telepolis - "Ich will R.A.C.H.E", unter:
http://www.heise.de/tp/artikel/24/24032/1.html (21.11.2006).